美味しい落語

吉川　潮

飯塚書店

まえがき

落語には食べ物が出てくる噺が多くある。思いつくまま列挙してみたら、「こんなにあったのか」と驚いたくらい。どれも現在、日常で食している物ばかりだ。

そこで、それらの噺はどの演者のが面白かったか。さらに、食べ物にまつわる私自身の思い出やこだわりを書こうと思い立った。

また、演芸評論家を50年近くやっていると、芸人の方々と食事をした回数は数えきれない。いつ、誰と、どんな物を食べたか、その時、どんな話をしたか、記憶をたどってみた。すると、次から次へと脳裏に浮かんできた。

親しくお付き合いしていた芸人の半数以上は故人である。私にとっては、大好きな芸人の良き思い出だ。また、現役の落語家たちの逸話は楽しい話ばかりで、大いに笑ってもらえるはず。

従って、本書は食をテーマにしたエッセイ集であると同時に、落語のガイドブックであり、芸人交友録でもある。

読者の皆様にも、食に関する良き思い出があると拝察する。改めて、美味しい記憶をたどって頂きたい。
そして、本書に登場する現役落語家の高座を聴いてみたいと思ったら、寄席や落語会に足を運んで頂けると幸甚である。

令和六年　八月吉日　　　　　　　　　　　　　　吉川　潮

目次

はじめに

第一章　美味しい落語　9

先代小さんの「時そば」が美味しい　10
先代小さんの「うどん屋」も美味しい　16
志ん生の「鰻の幇間」が美味しい　18
先代文楽の「酢豆腐」が美味しい　24
談志の「らくだ」は煮しめが美味しい　28
木久扇の「目黒の秋刀魚」が美味しい　31
昇太の「青菜」が美味しい　37
一朝の「二番煎じ」は猪鍋が美味しい　39
小遊三の「味噌蔵」は田楽が美味しい　45

花緑の「禁酒番屋」はお酒が美味しい　47
白酒の「茗荷宿」が美味しい　50
小ゑんの「ぐつぐつ」はおでんが美味しい　51
彦いちの「長島の満月」は給食が美味しい　53

第二章　甘味が美味しい落語　55

談志の「饅頭怖い」が美味しい　56
先代文楽の「寝床」は羊羹が美味しい　59
先代文楽の「明烏」は甘納豆が美味しい　62
三代目三木助の「蛇含草」は餅が美味しい　63
先代小さんの「長屋の花見」は玉子焼きが美味しい　66
志ん朝の「唐茄子屋政談」はかぼちゃが美味しい　69
志の輔の「千両みかん」が美味しい　71
一之輔の「初天神」は団子が美味しい　75

市馬の「百川」はきんとんが美味しい　77
円丈の「グリコ少年」はキャラメルが美味しい　80

第三章　芸人たちとの美味しい思い出　83

談志と最後に食べた寿司の味　84
可朝にご馳走になったてっちり&お好み焼き　89
左談次が食べたカレーうどん　94
文都が残したダシ巻き玉子焼き　100
先代三木助と共に学食のカツカレーを食す　103
志ん駒の傑作寿司ダジャレ　106
川柳が好きなバカ安餃子　110
前田隣とオムライス　114
白山雅一と神宮球場でホットドック　117
酒好きの正楽とトンカツを食す　121

第四章　芸人たちとの美味しい記憶　125

市馬と打ち立ての蕎麦を食す　126
温泉旅館の夕飯に勢朝が出した焼き海苔　130
竹丸にご馳走になった北海道の珍味　134
牛肉を食べると志らくを思い出す　137
木久蔵ラーメンは本当に不味いのか　142
らく次と初めて行った回転寿司チェーン店　146
あやめと食べた朝食のホットケーキ　149
小朝にご馳走になった鮑と松阪牛のステーキ　152

編集　原田　英子
装幀　山家　由希

第一章 美味〜い落語

先代小さんの「時そば」が美味しい

蕎麦が出てくる落語の代表的な噺が『時そば』である。夜泣き蕎麦といわれた屋台の蕎麦屋で、ある客が一杯十六文の勘定を一文ごまかす。勘定を払うまでの蕎麦屋とのやり取りが面白い。器がいいの、割りばしを使ってるのが偉いの、ダシがおごってるの、蕎麦が細くていいのとおだてまくるのだ。そして、いざ勘定という段になると、一文銭を「ひー、ふー、みー、よー、いつ、むー、なな、やー」と数え、「今、何どきだ」と時刻を尋ねる。蕎麦屋が「九つです」と答えると、再び「とー、十一、十二、十三、十四、十五、十六」と払い終わり去って行く。落語ファンにはお馴染みの噺である。

この客は常習犯と見えて、蕎麦の食いっぷりがいい。実に美味そうにたぐる。ちなみに、昔の芸人たちは蕎麦を「縄」と符牒で言った。「縄をたぐりに行こう」と言ったら、「蕎麦を食べに行こう」という意味だ。演者が美味そうにたぐると、たまらなく蕎麦が食べたくなる。中でも先代柳家小さんの『時そば』は絶品だった。寄席で師匠の『時そば』を聴くと、たまらなく蕎麦が食べたくなって、帰りに蕎麦屋へ寄ったものだ。下手な落語家のを聴いても食欲が湧かない。芸というのは不思議なものである。

寄席の近くに美味い蕎麦屋がある。浅草演芸ホールの近くには〈十和田〉と〈尾張屋〉。上野の鈴本演芸場の近くには、以前〈池之端藪〉、〈蓮玉庵〉、〈更科〉と三軒あったが、現在は〈蓮玉庵〉しか残っていない。ここは昔から小さん師匠の行きつけで、師匠が蕎麦を食べていると、他の客がジロジロ見るので困るとぼやいていたそうだ。『時そば』を得意とする師匠が、実際にどんな風に食べるか、落語ファンとして、見ていたいに気持ちは理解できる。

新宿末広亭だと、伊勢丹デパートの食堂街にある〈しなの〉に寄る。ここのかき揚げそばが美味い。池袋演芸場に行く場合は、東武デパートの中にある〈永坂更科〉のとろろそばか〈家族亭〉の鴨汁せいろを食べる。

ただ、蕎麦屋の閉店時間が早いので昼席の終演後なら問題ないが、夜席が終わるのは九時前後とあって、閉まっている店が多い。寄席の客のために、営業時間を延ばしてくれないかしらと思う。蕎麦がのびるのはいけないが、営業時間が延びるのはありがたい。

『そば清』は蕎麦の食べ比べの噺である。かけそばでなく蕎麦の賭け。事前に「せいろを何枚食べられるか」決めておき、互いに同額の金を賭ける。枚数が増えるほど賭け金は高くなる。決めた枚数を食べられたら、食べた者が賭け金を取る。食べられなければ取られる。江戸時代はそういう賭けがあったんですな。

行商人の清兵衛は「そば清」の異名をとり、そばの賭けで負けたことがない。せいろを二十枚食べても涼しい顔で賭け金をもらい、「どうも」と言って去って行く。先代金原亭馬生の清兵衛が飄々として味があった。

この清兵衛が信州へ出かけた帰りの山道で、大蛇が人間を丸呑みする場面を目撃する。大蛇は苦しそうにしていたが、岩陰に生えている赤い草をなめると、膨れ上がった腹がたちまち小さくなった。「これは食べ物を消化する薬草だ」と思った清兵衛は、その草を摘んで江戸に持ち帰る。

久しぶりに蕎麦屋に現れた清兵衛が、せいろ五十枚の賭けに挑戦する。あと一枚というところで満腹になり、「ひと息つかせてくれ」と隣室に籠る。そして、懐に隠しておいた例の薬草をなめる。蕎麦が消化されると思ってだ。しばらくして、部屋があまりに静かなので、賭けの相手が障子を開けると、「蕎麦が羽織を着て座ってた」というオチである。

考えオチというやつで、よく考えると意味がわかる。つまり大蛇がなめた草は人間を溶かす薬草だった。清兵衛さんは溶かされてしまい、蕎麦だけが残ったというわけだ。

噺の中ならともかく。賭けのために好きな物を無理して大量に食べる行為はいかがなものか。同様の理由で、一時テレビで高視聴率を取った「大食い選手権」が嫌いだ。味わいもせずに飲み込むような様子を目にすると、「こいつら、死んだら地獄の餓鬼道に落ちるぞ」と呪ってしまう。腹八分目とよく言うが、どんな美味しい物でも、ほどほどに食べるのが良い。

タイトルに「そば」は入っていないが、『疝気《せんき》の虫』に蕎麦が出てくる。疝気とは下っ腹が激しく痛む病で、原因は体内に生息する疝気の虫が暴れること。そういう突飛な設定の噺だ。疝気の虫は蕎麦が大好物で、患者が食べた蕎麦が体内に入ると、それを餌にして腹を満たす。とたんに元気が出て暴れまくる。それによって患者が苦しみ出す。

ある医者が白日夢の中で疝気の虫と会話をする。そして、疝気の原因がその虫であることを知る。「苦手な物は何か」と尋ねると、「唐辛子だ」と答えた。唐辛子が付くと体が溶けてしまうらしい。蕎麦に唐辛子をかけるのは虫退治の薬代わりなのだ。それで「薬味」と言うのかとガッテンする。「唐辛子が入ってきたらどうするのか」と聞けば、「別荘に避難する」とか。虫たちが別荘と呼ぶのは男の金の玉袋の中のこと。「なるほど」と再びガッテンした医者がそこで目が覚める。

早速癪を起こした商家の旦那から往診の依頼があり、お宅へ伺うと旦那が苦しんでいる。

唐辛子をかけずに蕎麦を食べたのであろう。そこで医者は一計を案じる。奥さんに蕎麦を食べさせ、蕎麦の匂いがする息を旦那の口中に吹き込む。すると、蕎麦の匂いを嗅いだ疝気の虫たちが這い出してきた。しかし、蕎麦がない。喉元まで出て外を見ると、奥さんが息を吹き込んでいる。「食べたのはその女だ」とわかった虫たちは、誘導されて奥さんの口中へ飛び込んでしまう。疝気の虫が見える医者は、そこで唐辛子を溶かした汁を奥さんに飲ませたからたまらない。虫たちは別荘に逃げ込もうとするが、女性の体には別荘がないので虫たちが戸惑うというオチである。

なんとも奇想天外な噺だが、虫が暴れる様子を巧みに演じると実に面白い。

私の亡父は岡安喜三四郎という芸名の長唄三味線の師匠で、芸者衆や素人の娘さんに三味線を教える傍ら、日本舞踊の会に三味線の地方《ぢかた》として出演していた。周囲の人々に「お師匠さん」と呼ばれ、いつも着物姿で粋な人だった。我が家では時分どきに来客があると、蕎麦、中華などの「店屋物」の出前を取ってもてなすのが慣わしであった。一番多かったのが蕎麦で、たいていはもりそば、またはかけそば。天ぷらそばを取るのは上客に限られた。

たまに子供たちもご相伴に与ることがあって、もりそばが食べられた。蕎麦好きの父は食べ方にうるさい。

「ズルズルっと、いい音を立てて食うんだ」

「そんなにつゆに漬けるな。半分くらい漬けると程がいい」

今思い出すと、子供に対してよくもそんなにうるさく教えたもんだと呆れる。ただ、そのおかげで、小学生の頃から上手に蕎麦を食べた。一度父に連れられて蕎麦屋に入った時、隣席の客に、「坊やは上手に食べるねえ」と褒められた。その時の父の得意気な顔は今でも覚えている。

せいろに盛られた蕎麦を食べ終えると、最後に一、二本残る。これを箸でつまむのが難しい。そのコツを父から教わった。

「箸をまっつぐ（江戸弁で真っ直ぐのこと）立ててつまんでみな」

言われた通りに、せいろと直角に真っ直ぐ箸を立ててつまむと、細くて短い蕎麦が簡単につまめた。町っ子はそういう知識だけは豊富なのである。

父はもりそばにもかけそばにも唐辛子をかけたが、私の場合、かけは唐辛子で、もりはワサビで食べる。現在よく行く神田の〈藪〉、赤坂の〈砂場〉、銀座の〈田中屋〉は、どこも下ろしたてのワサビが付いてくる。しかも、いいネギを出す。美味しい蕎麦屋は上質のワサビとネギを出すと覚えておいて頂きたい。

私が大学を卒業した翌年、父が脳溢血で亡くなった。まだ60を過ぎたばかりだった。これから一緒に蕎麦屋へ行けると思っていたのに、あっさりあの世へ旅立ってしまった。亡くなってしばらく、一人で蕎麦屋に入ると、「向かいの席に父が居たらなあ」と想ったものだ。

先代小さんの「うどん屋」も美味しい

蕎麦は関東で、うどんは関西。誰が決めたか知らないが、定説となっている。確かに、私を含めて知り合いの東京人は、蕎麦屋に入ってうどんを頼むことはない。たとえば、友人四人で店に入り、一人がうどんを頼んだとしたら、「」軽蔑されことはないにしても、「おやっ」、「どうしたの」といった目で見られるのは間違いない。「風邪ひいてんの」と言われることもある。

そこで落語の『うどん屋』だ。冬の夜に限って、「鍋焼きうどん」の屋台が荷を担いで、商家が多い町並みを流す。「なべやーき、うどん」という売り声を聞いた商家の奉公人が、寒くて寝られないので、うどんを食べて暖まってから布団に入ろうと、潜り戸をそっと開けて現れ注文するのだ。もちろん旦那や番頭には知られてはならないので、小さな声で「うどん屋さん」と呼び止めるのが常。奉公人が多い大店《おおだな》になると、何杯も売れることになる。

先代小さんの『うどん屋』はまず、うどん屋が酔っ払いにからまれる。同じ話を何度も聞かされた挙句、水を飲まれただけで逃げられる。また、呼び止められたと思えば、女に「子供が寝たばかりだから静かにしておくれ」と怒られる始末だ。すると、いかにも大店という構えの商家から若い手代が、小さなかすれ声で「うどん屋さん」と呼び止める。「この人は一番手で、後から次々に食べに出てくるんだろう」と推測したうどん屋、相手に合わせて同じように小声で応対する。若い手代は鼻水をすすりながらうどんを食べ終えると、またもや小声で「おいくら?」と尋ね勘定を払う。「ここに置いときます」、「ありがとうございます」、というやり取りの後、帰り際にもう一度「うどん屋さん」と呼ばれた。美味しかったから他の奉公人たちの分も、と頼まれると思ったら、「あんたも風邪ひいたのかい?」と言うのがオチ。うどんは風邪っ引きの病人が食べる物というのが江戸っ子の考えなのであろう。

この噺も先代小さんの十八番だった。鼻水をすすりながらうどんを食べる仕草、うどん屋と目が合うとニコッと笑う愛嬌のある顔など、小さんならではの味があった。師匠もうどんは風邪をひいた時くらいしか食べなかったのだろうか。いや、ひょっとして好物だったから食べる仕草が巧みだったのかも。

都内の蕎麦屋でうどんを食べることはめったにない。四十代の頃、年に何度か大阪の演芸場へ行くと、道頓堀の〈今井〉か大阪市内のデパートや新大阪駅の食堂街に入っていた〈美々卯〉で食べたものだ。

また、風邪をひくと、家で温かいうどんを作って食べる。具は鶏肉、かまぼこ、三つ葉、それに柚子。温かい汁物を食べると冬でも汗をかくので、風邪をひいた時にはもってこいだ。ただ、考えてみると、入れる具が正月に食べる我が家の雑煮と同じことに気付く。味もまったく同じで、うどんの代わりに餅を入れれば雑煮になる。だからと言って、風邪をひいた時に雑煮を食う気にならない。うどんに限るのである。

志ん生の「鰻の幇間」が美味しい

よく「落語には悪人が出てこない」と言われる。確かに、三遊亭円朝作の怪談噺や「釈ネタ」と言われる元は講談だった噺以外には悪人が登場しない。空き巣狙いのコソ泥が出てくる『花色木綿』、『締め込み』、『置き泥』、『転宅』、『釜どろ』などにしても、たいていはドジで間抜けなので憎めない。

『付き馬』には廓の若い衆（使用人）をだまして勘定を払わずに逃げてしまう奴が出てくるし、『突き落し』は集団で廓の勘定を踏み倒す噺だが、これらとて憎むべき凶悪犯罪ではない。どちらも被害を被るのは、女郎の稼ぎをピンハネする廓の経営者と、それに従属する使用人なので同情はしない。

私の個人的見解では、『鰻の幇間《たいこ》』で幇間《ほうかん》をだまし鰻をただ食いする正体不明の男が最も悪質だと思う。生活が苦しい売れない芸人にたかるなど、けして許されない行為である。

まずは幇間という職業について説明しよう。幇間、通称「たいこもち」は、花柳界各所の「見番」と言われる所に所属し、芸者衆と共にお座敷で客の取り持ちをする芸人である。客のご機嫌を取るだけでなく、お座敷芸と言われる踊り、寸劇などの芸を見せる。信用されている幇間になると、客から財布を預かり、会計係を任される。つまり、遊びのコーディネーターともいえる任務なのだ。

『鰻の幇間』に登場する一八は、見番に属しない「野だいこ」と言われる幇間だ。贔屓客はいても数は少なく、巷で見知らぬ金持ちを見つけて取りまこうという輩《やから》である。今日も今日とて、贔屓客を訪ねると、客は温泉に出かけていて留守。そこで町を流しながらカモになりそうな客を物色するが、なかなか見つからない。すると、真向かいから一八の顔を見てニコニコしている男が歩いてくる。どこかで会ったことのある人に相違ない。

早速、「大将、どこかへお供願いたいね」と取りまくが、男は浴衣がけで湯屋に行く途中だと言う。それでもお供をと願うと、「近間だよ」と鰻屋へ向かう。歩きながら男の素性を探るが、なかなか明かさない。「お宅は?」と尋ねると、「せんのとこ」と答える。素性を知っているふりをした一八は、「どこです?」と尋ねることができない。それを承知でとぼける男のいやらしさ。まったく憎らしい。

鰻屋は建物が傾いているうらぶれた店だが、「こういう店こそ美味い鰻を食わせるもの」とお世辞を言う。これを芸界の符牒で「ヨイショ」という。第三章の「芸人たちとの美味しい思い出」に、ヨイショの神様、古今亭志ん駒師匠が登場するので覚えておいて頂きたい。

店の二階座敷に上がると、客は「鰻を見てくる」と一人で階下に降りる。戻って来て女中に注文する。鰻が焼きあがるまで、酒と香こ(漬け物)でつなぐのが慣わしだ。そこへ鰻が運ばれて来る。「美味いっ!」「口の中に入れたとたんにとろけるね」などとまたヨイショ。

男はお手洗いに行くと、また階下へ降りてしまった。一人になった一八が、「あの客、大事にしよう」と独白するのが、幇間の悲哀を感じさせる。この噺は先代桂文楽と古今亭志ん生のがCDに残っているが、文楽の一八は品が良くて野だいこには見えず、一流の幇間の雰囲気が漂うのに対し、志ん生のはいかにも野だいことといった感じがした。

さて、一八が手酌で飲んでいたのはいいが、客がなかなか戻ってこない。階下のお手洗いに迎えに行くと、女中が「お帰りになりました」と言う。一八は、「一人で気を遣わずに飲ませてやろうと、勘定を払って帳場にご祝儀を預け、さっと帰るとこなんざ、遊び慣れてる」と勝手に想像する。再び手酌で飲んでるところに女中が来たので、帳場に何かを預けてあるはずと言いつける。しかし、女中が持ってきたのは勘定書き。まだお勘定が済んでないと言う。ご祝儀は預かってないと。

ここでようやくだまされたことに気付く。手銭で飲み食いしてるとわかったとたん、女中にからみ始めるのがこの噺の面白いところだ。酒がまずいの、奈良漬けが薄くて立ってられず、脇のキュウリに寄りかかってるの、鰻が固くて噛み切れないのとクレームを連発する。私が一番好きなのは、おちょこの模様が「丸に天の字、天ぷら屋からもらったもんじゃないか。こっちのはなんだい。〝祝・出征〟と書いてあるよ」というくだり。いかにもせこい店が使いそうなおちょこである。

しかたなしに勘定を払おうとする。「九円七十五銭？ 間違いじゃないかい。酒が二本にせこい鰻が2人前で、そりゃぁ君、高いよ」と怒ると、「お供さんが鰻を三人前、お持ち帰りになりました」と答える。一八は、「そこまで手が回ったか」と観念して、緊急事態の時のために着物の襟に縫い込んだ十円札を出す。「今さらお釣りは要らない。あなたに上げます！」とやけっぱちで階下に降りる。すると下足番が、薄汚い下駄を出した。「あたしのは柾目が通った新品の下駄だ」と言うと、「お供さんが履いてまいりました」と言われるのがオチである。

『鰻の幇間』を聞いたことがない読者諸兄も、噺の内容を知れば一八に同情し、だました男が憎らしくなるはずだ。

噺の中に、「鰻が焼きあがるまで、酒と香こでつなぐ」という台詞が出てくるが、私の場合、下戸の上に漬け物が大嫌いなので、焼きあがるまで間が持てない。しかたないから、肝焼きや玉子焼きで巻いたう巻きでつなぐ。漬け物嫌いは徹底しており、糠漬けはもちろん、キュウリ、白菜の塩漬けもダメ。福神漬けに梅干し、ピクルスさえハンバーガーから抜いてしまう。どうしてそんなに漬け物嫌いになったのか、きっと幼児体験に原因があると、母の生前に尋ねてみた。答えは明確だった。

「幼稚園に入る前だったかねえ。あたしが台所で糠漬けを出してた時、お前がやって来て、開いてた糠味噌桶に足を突っ込んじゃったのよ。糠の臭いがいやだったのか、すごく泣いてね。それが原因で漬け物が嫌いになったんじゃないかい」

納得した。やはり幼い時のトラウマが原因だったのだ。それにしても、鰻屋の美味しい漬け物が食べられないとは情けない。

他に鰻屋が出てくる噺として、『後生鰻』と『素人鰻』があるが、どちらも鰻を食べる場面がない。「美味しい落語」と銘打つからには、食べてないと取り上げる意味がないので割愛する。

『子は鎹』という噺は、クライマックスの舞台が鰻屋だ。この噺、『子別れ』の下として知られる。『子別れ』の上、『強飯の女郎買い』は『煮しめ』の項に出てくる。『子は鎹』は妻子と離縁した大工の熊五郎が、子供の亀ちゃんと再会して、鰻をご馳走するのだが、それは熊五郎にとって、特別な日だったからにちがいない。

子供の頃、我が家でも鰻の出前を取るのは、何か特別にいいことがあった時に限られた。たとえば、三味線弾きの父が、日本舞踊の会に出演して、法外な額の出演料をもらった時とか、私、姉、妹の誰かにめでたいことがあった時などである。私の場合、高校に入学した時が最初で、次が大学に合格した日だった。

その夜、鰻重を取って家族で食べている時、父が突然泣き出した。父は数年前に脳溢血で倒れ、中気の療養中だった。いわゆる「泣き中気」という症状があるから、母と姉妹は、「息子の合格を喜んだ嬉し涙」だと思ったはずだ。しかし、私は父の心中を察した。芸大の邦楽科に入るならともかく、一般の大学に進学するということは、父が願っていた三味線弾きの跡を継ぐのを断念することだ。それが寂しくて泣いたのだと。

そう思うと、私まで泣きそうになり、必死で涙をこらえ鰻重を掻っ込んだ。父は半分残して、お重を私の前に差し出し、「これも食べな」と言った。その時のことが脳裏に残り、今でも鰻重を食べると父の涙を思い出す。

先代文楽の「酢豆腐」が美味しい

落語を知らない方は、『酢豆腐』と聞いてどんな食べ物を想像するだろうか。豆腐に黒酢をかけた中華風の料理か、それとも三杯酢をかけた家庭料理か。まさか腐った豆腐だとは思うまい。

我々落語好きは、気障な野郎を馬鹿にする際、「あいつは酢豆腐だね」などと言う。それは『酢豆腐』に、落語史上最も気障な若旦那が登場するからだ。

噺の冒頭、町内の若い衆が集まって、わいわいがやがや騒いでいるのは、後述する『饅頭怖い』、『ん回し』と同様お馴染みの設定だ。そこへ気障な若旦那が通りかかると、若い衆はからかうつもりで呼び入れる。

「こんつは」というのは若旦那の挨拶。この気障男をへこましてやろうと、若い衆は腐った豆腐をかきまぜて差し出し、食通ぶる若旦那をおだてて強引に食べさせてしまう。「これはなんという食べ物か」と聞かれた若旦那、「酢豆腐でげす」と答えた。「若旦那、もっとおあがんなさい」と勧めると、「いやあ、酢豆腐はひと口に限る」というのがオチ。

従って、酢豆腐は美味しくない。ただ、文楽が演じる噺そのものが、落語ファンにとってのご馳走なのである。

同じように腐った豆腐を食通ぶる奴に食べさせる噺として、「ちりとてちん」がある。これはご隠居さんが客を招く予定で料理を何人前も作らせるが、その会合が流れて料理が余ってしまう。もったいないので近所の知人を呼んでご馳走するという設定だ。

最初の男は如才なくてお世辞がいい。灘の酒を振る舞われると、「灘の酒があるというのは存じてますが、頂くのは初めてで」と言い、鯛の刺身を見ては、「鯛の刺身があるということは存じてますが食べるのは初めてで」などと喜ぶ。ご馳走する方だってそう言われると嬉しいものだ。また、鰻の蒲焼に感動し、美味しそうに食べる。「それに比べて寅さんは……」と嘆くご隠居。近所の寅さんは知ったかぶりで食通ぶる嫌味な男で、必ずひと言よけいなことを言う。

ご隠居は女中が腐らせてしまった豆腐を持ってこさせ、唐辛子をたっぷり入れてかき回し、瓶に入れて蓋をする。「これは寅さんに食べさせる」と言うのだ。寅さんを呼んで来させると、ご馳走すると聞いても喜ばず、頼むなら食べてやるといった態度である。灘の酒も「まあまあだ」とかたずけ、鯛の刺身は「やっぱり刺身はマグロの中トロがいい」とケチをつける。

そこでご隠居が女中に例の瓶を持ってこさせ、「台湾の土産にもらった物だが、なんていう食べ物かわからない。食通の寅さんなら知ってるだろうと思ってね」と誘いをかける。案の定、意地でも知らないとは言わない寅さんは、「これは台湾名物のちりとてちんという珍味だ。よく手に入ったね」と知ったかぶり。ご隠居はなおも、「食べ方がわからないので、ここで食べて見せてほしい」と勧める。寅さんは瓶の蓋を開けると、凄まじい悪臭がするので、「うちに帰って食べる」と言うが、ご隠居は引き下がらず、強引に食べさせる。匙を遣ってひと口食べた寅さんが悶え苦しむ表情が笑いになる。「どんな味だい」と聞かれた寅さん、「腐った豆腐みたいだ」と答えるのがオチ。

『酢豆腐』の若旦那と比べると、寅さんのほうが嫌味の度合いが強いので同情の余地がない。ざまあみろと思ってしまうのが『ちりとてちん』である。現在、この噺を演じて一番面白いのは春風亭昇太で、腐った豆腐を口に含んだとたん七転八倒する姿は爆笑ものだ。

それにしても、二席ともまともな豆腐でなく、腐った豆腐を食べさせるというのが、豆腐好きとしては納得いかない。豆腐を美味しそうに食べる場面が出てくる噺が一席でもあればいいのにと思う。


豆腐は日本人の国民食の一つと言って過言ではない。冷奴と湯豆腐は単独でも立派な一品料理だし、鍋物に入れれば主役の食材を引き立てる名脇役になる。厚揚げは煮ても焼いても美味しい。味噌汁の具としてはネギと並んで横綱級だ。中華料理では麻婆豆腐として主役を張り、トーフ・ハンバーグという洋食にも姿を変える。栄養満点、しかもヘルシー、近年では欧米人も好んで食す。

子供の頃、お豆腐屋さんのラッパの音が聞こえると、母が「お豆腐屋さん！」と呼び止め、鍋と笊を抱えて表に飛び出し、豆腐と油揚げを買っていた。鍋の中の水に浮いた豆腐は、美味しそうに思えたが、子供たちが好んだわけではない。父の好物で、冷奴と湯豆腐は我が家の定番メニューだった。父は鰹節を自分で削って豆腐にかけた。最近の鰹節パックより、削りたての鰹節はずっと美味しい。

私が豆腐を好むようになったのは、所帯を持ってからで、湯豆腐は一人の時でも食べる。

他に入れるのは白菜と水菜だけで、鱈などの魚は入れない。煮えた豆腐にポン酢をかけ、ちょっと柚子胡椒を付けてフーフーしながら食べる。

一人で湯豆腐を楽しめるようになったら、あなたも立派な爺いということだ。

談志の「らくだ」は煮しめが美味い

鰻の項で述べた『子は鎹』は『子別れ』という噺の下で、上は『強飯の女郎買い』として演じられる。大工の熊五郎が弔いの帰り道、清めの酒に酔った勢いで吉原遊郭へ遊びに行く。葬儀が行われた山谷の寺は吉原に近いのだ。土産にもらった強飯、すなわちおこわ(赤飯)と煮しめを懐に入れている。故人が長命で亡くなった場合、「大往生」ということで、お祝いとして赤飯を出す風習があった。ただ、煮しめは葬儀のお清めの席で、よく出される精進料理である。

それは『らくだ』にも出てくる。「らくだの馬」と異名を取る乱暴者が、ふぐに当たって死ぬ。兄貴分の半次がその弔いをしてやろうと、長屋を通りかかった屑屋を脅して様々な用事を言いつける。「大家んとこへ行って、いい酒を三升に大根、ゴボウ、芋を煮て持って来いと言え」などと無理な注文をするのだ。肴は煮しめであることから、弔いの定番メニューと推測される。

　大家が持ってきた酒を半次と屑屋が飲むうち、酒乱の屑屋が突然強気になり、脅されていた立場が逆転するのが面白い。この噺、立川談志のが絶品だった。半次のドスの効いた脅し文句、気の弱い屑屋が酔うに連れて酒乱の気が出てきて、逆に半次を脅すようになる過程など、最高の『らくだ』であった。

“シェーッ”の格好をする談志

　悪酔いした屑屋が煮しめを口に入れる。とたんに吐き出して、「芋で酒が飲めるか。百姓じゃねえや」と怒鳴る。これと同じ台詞を弟子の立川左談次が吐いたことがある。

　左談次が後輩とはしご酒をしているうち、「おめんちで飲み直そう」と言い出した。後輩は所帯を持ったばかりなので、新婚家庭を冷やかしに行こうという思惑があったようだ。先輩に逆らえないのがこの業界の習いなのでマンションの自室に案内した。いきなり酔っ払いの先輩を連れて帰ったから新妻は戸惑い、とりあえず家にあったウイスキーを水割りにして出した。ただ、突然のことで肴がない。そこでジャガイモを蒸かし、半分に切って皮をむき、バターを乗せた。「ジャガバター」というやつで、けっこう美味しいのだが、ひと口食べた左談次があの台詞を吐いたのだ。

「芋で酒が飲めるか。百姓じゃねえや!」

今なら「農業従事者を馬鹿にした差別発言」と言われる。しかし、落語の中の台詞だからご容赦願いたい。それにしても、吐かれた新妻はさぞ驚いたことだろう。左談次が帰った後、亭主は妻にこう言ったとか。「君も落語家の洗礼を受けたね。あんなことで驚いてちゃ、落語家のかみさんは務まらないよ」と。

後日、別の場所で左談次と会ったそのおかみさん。先夜のことをまるで覚えていなかったことと、素面の左談次が穏やかな人柄で腰が低いことにまた驚いたとか。酔うと人格が変わるのは『らくだ』の屑屋と左談次だけではない。読者諸兄の周囲にもいるはずだ。

芋が入っていたことでけなされた煮しめだが、どうして葬儀のお清めに供されるかと言うと、精進料理であることに加え、冷めても味が変わらないというのがポイントだと思う。作り立ての熱々のよりも、冷めて味が染み込んだほうが美味しい。冷めても美味しいのは弁当のおかずにも適している。だから煮しめはよく弁当に入っている。

高校時代は弁当だったので、母はよく煮しめを入れた。ニンジンが嫌いな私に食べさせようとする意図もあったようだ。それなのに私はニンジンを残した。弁当箱を開けた母が、「あら、また残した」と私に聞こえるように言ったものだ。それでも煮しめにはニンジンを入れ続けた。根負けした私はついに食べられるようになり、好き嫌いを克服した。いい歳になって、ニンジンを残すのはみっともないので、今では母に感謝している。

木久扇の「目黒の秋刀魚」が美味しい

『目黒の秋刀魚』は、食べ物が出てくる噺の中で傑作の一席と言える。この噺のおかげで、今や都内の有名イベントのひとつ、「目黒のさんま祭」が開催されるようになった。

物語はさる大名のお殿様が家来をお供に、乗馬で野駆けに出かけるところから始まる。江戸時代、渋谷から目黒あたりは野っぱらで、乗馬の訓練にはもってこいの場所だった。

運動をすると腹が減る。しかし、急なことだったので家来たちは弁当の用意をしていなかった。お殿様はがっかりするが、けして咎め立てはしない。軽々に咎めると、お供の誰かが責任を取って切腹する羽目になるからだ。そこに農家から煙が上がり、秋刀魚を焼く強烈な匂いがお殿様の鼻孔を刺激する。脂の乗った秋刀魚を七輪の炭火で焼く匂いである。これは腹が鳴る。

お殿様、思わず唾を飲んで、「あれは何を焼いておる」と、お供に尋ねる。「秋刀魚と申す下魚《げうお》にございます」と答える家来。お殿様が日々食する魚は、鯛と相場が決まっている。家来としては、秋刀魚のような下々の町人が食する魚をお殿様に食べさせるわけにいかない。もし、そのことが藩の重役の耳に入ったら叱責を受けてしまう。しかし、空腹なお殿様は、「戦場にて食する物がない時に選り好みしていられない」と理屈をこね、「買い求めて来い」と命じる。「苦しゅうない。秋刀魚の目通り許す」と言うのが、いかにも大名らしくて私の好きなフレーズだ。

家来は農家の親父に話を付け、秋刀魚をあるだけ焼かせて殿の御前に運ばせる。焼き立てでジュージューいってる秋刀魚に醤油をぶっかけで食べる。腹が減ってるところにこの脂味はたまらないと見え、お殿様、あっという間に全部平らげた。

江戸屋敷に帰ったお殿様、あの秋刀魚の味が忘れられない。思い出してはため息をつき、お供をした家来に、「あの細やかで長い魚を」などとほのめかすが、お屋敷の御膳に出るわけがないし、注文すれば外で下魚を食べたことがばれて、家来が責任を取らされる。

そんな折、親しい大名家からご招待され、何でも好きな料理を作って膳に出してくれるという嬉しい趣向だ。お殿様は、迷わず秋刀魚をオーダーする。

注文を受けた御膳奉行が困った。脂の多い秋刀魚を焼いて出すわけにいかない。腹をこわされでもしたら切腹ものだ。それで秋刀魚をブツ切りにしてせいろで蒸し、脂っ気を抜いた上で骨を全部取り除き、お椀に入れてお吸い物として出した。お殿様、焼き立てのがジュージュー音を立てて出てくる物と思いきや、お椀が出てきたから驚いた。ふたを開けると、秋刀魚の姿形が見えない。しかし、お吸い物の身にかすかに秋刀魚の香りがする。ひと口食すが、こんな料理が美味いわけがない。首を傾げて、御膳奉行に「この秋刀魚はどこで求めた」と尋ねると、房州で取れた物を日本橋の魚河岸で」と答える。「それはいかん。秋刀魚は目黒に限る」というのがオチである。

この噺の元は徳川家、三代将軍家光が野駆けをした際の逸話と言われている。従って、このお殿様は国へ帰れば「名君」の誉れ高い大名という設定で演じるべきである。演者によっては、バカ殿様として演じるが、それは大間違いで、名君と言われる方でも、こと食べ物のことになると子供みたいにわがままを言う、といった解釈のほうが正しい。

私がこれまで聴いた中では、林家木久扇が木久蔵当時に演じた『目黒の秋刀魚』が傑作である。何が面白いと言うと、登場人物を有名人の声色で演じるのだ。お殿様が長谷川一夫、家老が大河内伝次郎、百姓の老爺が林家彦六というキャスティング。どれも得意な声色なので、バカバカしくも面白い。当時はそのような手法を業界で「邪道」と評された。私は反対意見をスポーツ新聞の演芸評で書いた。「客が大喜びしているのだから評価されて然るべき。まともに演じて受けないより、声色という飛び道具を使って受けたほうがいい」と。この評を読んで、木久蔵はいたく喜んだらしい。


元祖「目黒のさんま祭り」の主催は、目黒駅前商店街振興組合で、一度だけ行ったことがある。秋刀魚を焼く煙と臭いが大通りに充満して、それは凄まじい光景だ。秋刀魚一匹を食べるために、朝の6時前から並ぶ人もいるようで、私は行列が嫌いなので、そんな人たちの気持ちがわからない。行列のできる飲食店にも行かないくらいで、せっかちだから、とにかく待たされるが嫌いなのだ。

秋刀魚も近年では捕獲数が激減しているらしく、小さいわりには値段が高く、とても庶民の味方の「下魚」ではなくなってしまった。秋刀魚が高級魚になったらおしまいだ。

子供の頃、我が家の食卓にはよく焼き魚が並んだ。塩鮭、アジの干物、カレイ、サバのみりん干しなどである。子供たちが一番好きなのは塩鮭。母は「塩引き」と言っていた。塩鮭は冷めても美味しいので、弁当のおかずに最適だ。街に弁当屋ができて以来、鮭弁当は海苔弁当と共に人気があるのも当然であろう。

焼き魚の食べ方も父に教わった。尻尾を持って骨を取る方法、身のほぐし方、秋刀魚のワタの取り方などをうるさく教えてくれたおかげで、魚をきれいに食べられるようになった。昨今の親は、自分が魚をきれいに食べられないから、子供に教えられない。年配の読者諸兄で「私は上手いよ」と自認している方は、お孫さんに教えてあげてください。

鯛は「魚の王様」と言われる。刺身も美味いが塩焼きも美味しい。我が家では年に一度、正月元旦の祝い膳に出された。まず、父が箸を付けてから、母が子供たちに身を取り分けた。鯛の骨は固く鋭いので、喉に引っかかったら大ごとである。母は小骨まで丁寧に取ってくれた。こういう些細なことに愛情を感じる。

現在も正月に鯛の塩焼きを食べる。もっとも、焼いて真空パックされたのをレンジで温めるだけだが、それでも美味しい。「腐っても鯛」と言うくらいだから、「レンジでも鯛の塩焼き」なのだ。雑煮に飽きると、鯛茶漬けを食べる。残った塩焼きの身をほぐして冷えたご飯の上に乗せ、焼き海苔をちぎって振り掛け、本わさびを添える。薄めに淹れた熱々の煎茶をかければ出来上がりだ。

名匠、小津安二郎監督の「お茶漬けの味」という作品では、主人公の中年男性が、一人でお茶漬けを食べるシーンが出てくる。その姿はどこか侘しい。確かに、いい歳をした男が一人お茶漬けを食べるのは侘しいものだが、鯛茶漬けだけは別で、一人でも侘しくなく、ただひたすら美味しいのだ。

アジの干物でお茶漬けをしたことのある方は少ないのではないか。私も家でやったころはないが、それを食べさせる店を知っている。地下鉄銀座線の三越前駅に近いコレド室町の地下一階にある干物専門店〈○（まる）〉で食べられる。ムロアジを炭火で焼いて出すのだが、普通にご飯で干物を食べた後、残ったご飯の上にほぐした身を乗せ、付いてきたダシを掛けてお茶漬けにする。これが滅法美味い。メニューには秋刀魚の干物もあり、これも最後はお茶漬けにする。長年秋刀魚を食しているが、秋刀魚のお茶漬けはこの店で食べたのが初めてである。

従って、秋刀魚は目黒でなくとも美味しい。

昇太の「青菜」が美味しい

寄席でこの噺が演じられると、「そういう季節か」と夏を感じる。近頃の落語家は季節違いのネタを選ぶので、冬に『青菜』をやったり、夏に『二番煎じ』（後述する）をやるから呆れてしまう。

さて、『青菜』だが、大きなお屋敷の庭でひと仕事終えた植木屋が、屋敷の主人に労われ、大阪の知人からもらった「柳かげ」という酒と鯉のあらいをご馳走になる。ちなみに、大阪で言う柳かげは、焼酎に味醂を混ぜた物で、東京では「直し」と言い、冷やして飲む物だとか。

主人は植木屋に、「菜のおひたしはお好きかな」と尋ねる。「大好きです」と答えると、手をたたいて奥方を呼び、菜を持ってくるように命じる。すると奥方、「旦那様。鞍馬より牛若丸が出でまして、その名も九郎判官」と言う。それに対して主人は、「義経にしておけ」と答えたので、植木屋がその意味を尋ねると、内輪の隠し言葉で、菜を食べてしまったことを「その名も九郎（菜を食ろう）」と、「よしておきなさい」と言うのを「義経にしておけ」とシャレたのだと教わる。

感心した植木屋、長屋に帰るとおかみさんにその話をして、「うちでも隠し言葉を使ってみよう」とおかみさんを押し入れに閉じ込め、長屋の友達を招き入れ、「柳かげ」だと言って普通の焼酎を、鯉のあらいの代わりにイワシの塩焼きを振る舞う。イワシは秋刀魚以上に庶民の食べ物だったことがわかる。

いよいよ菜のおひたしの出番だと、「お好きかな」と尋ねたら、「嫌いだ」と答えたのでがっかり。必死に頼み込み、「大好きだ」と答えさせて手をたたく。押し入れから汗だくで出てきたおかみさんに、菜を持ってくるよう命じると、「旦那様。鞍馬から牛若丸が出でまして、その名も九郎判官義経」と答えた。「義経」を言われてしまった植木屋が言葉に詰まって、「うーん、弁慶にしておけ」と言うのがオチだ。

この噺、『ちりとてちん』同様、昇太が演じるのが一番面白い。どこがどう面白いというのではない。昇太が演じる植木屋夫婦の、まるでコントのようなやり取りが笑いを生むのである。

ほうれん草のおひたしや水菜に油揚げを和えたおひたしもいいが、頻繁に食べることはない。であるから、この噺を聴いて、たまらなくおひたしを食べたくなることもない。むしろ、鯉のあらいのほうを食べたくなる。

水菜は湯豆腐に入れても美味しいし、サラダの具材にもなる。ほうれん草は栄養価が高いうえに使い道が多い。葉っぱのままサラダに入れる、ベーコンと炒める、茹でたのをラーメン、うどんに入れる、味噌汁の具、などなど役に立つ。

従って、「菜のおひたしはお好きかな」と尋ねられれば、「好きというほどではないが、出されれば食べるのにやぶさかではない」と答える私なのである。

一朝の「二番煎じ」は猪鍋《しし》が美味しい

旬の食材を好む。秋刀魚、マツタケ、鮎はもちろん、夏になればソーメン、冷やし中華を好んで食す。そして、寒くなったら鍋料理が一番。それが出てくるのが、『二番煎じ』である。

江戸時代までは薬草を煎じて飲むことが多かった。煎じた残りは捨てずに、再度煎じるのを二番を煎じるという。それが分からないとサゲの意味が分からないので覚えておいて頂きたい。

江戸は名物になるくらい火事の多い土地であった。町火消しは火事になった時に出動するもので、防災まで手が回らない。そこで町民は自衛のため、各町内で火の用心の夜回りをすることになった。町内の番小屋に六、七名の有志が集まり、手に手に拍子木や金棒を持って、「火の用心、さっしゃりやしょう」と声を出しながら回るのだ。

この噺の聞かせどころは、この声出しの節である。良い声と節で「火の用心〜」とやってくれると、とたんに真冬の、江戸の町の雰囲気が漂う。この節が上手いのが春風亭一朝で、なんとも耳に心地よい調子で声を出す。一朝は私が一代記を書いた春風亭柳朝の一番弟子で、売れっ子の一之輔の師匠。正しい江戸言葉を駆使することから、ＮＨＫの時代劇ドラマの「江戸言葉監修」を務めたこともある。

江戸の町は冬になると「西風（ならい）」と言われる筑波颪《おろし》の風が吹いて寒さが厳しい。町内をひと回りすると体が冷え切ってしまうので、番小屋に戻ると、体を温めるための酒が必要となる。

気の利く人が瓢箪に入った酒を鉄瓶に入れて火に掛ける。もし見回りのお役人が番小屋を訪ねた時に、「煎じ薬」と言ってごまかせると。それに呼応したメンバーの一人が、「口直しにと猪鍋はどうかと、持ってきました」と猪の肉とネギ、味噌を出す。ご丁寧に鍋を背中に背負ってきたという。このへんが実に落語的で楽しい。お燗された酒を皆で飲んでいるうちに猪鍋が煮えてきた。気の合った仲間と囲む猪鍋。さぞや美味しく、楽しいだろうなと想像できる。

箸が一膳しかないので交代で食べる場面が笑える。「あたしは肉よりもネギが好物で」とネギだけ食べている奴が、「あなた、ネギとネギの間に肉を挟んで食べてるじゃないですか」と見抜かれるのだ。

似た話がある。落語家連中がふぐ鍋を囲んでいる時、身分が一番下の前座が、「あたしは白菜が好物で」と白菜を食べていたら、「お前、さっきから白菜に包んでふぐも食べてるじゃねえか」と師匠に見つかったという話。いくら「遠慮しないで」と言われても、師匠と先輩がいたら、ふぐを食べるのは遠慮するものだ。でも、ふぐが食べたい。そこで白菜に包んだわけで、前座の気持ちは分かる。

さて、町内の連中は酒が入っていい機嫌である。そこに見回りの役人（同心）が戸をたたいたから大あわて。鉄瓶と猪鍋を隠そうとするが、役人の目はごまかせない。「最前火にかけてあった鉄瓶はなんじゃ」と問われ、「煎じ薬です」と答えると、「拙者も風邪気味じゃよって所望したい」と言われたので飲ませるしかない。役人は酒とわかったが、素知らぬふりして何杯もお代わりする。口直しに猪鍋も食べる始末で、この分ではありったけ飲まれてしまうと思った町内のリーダーが、「煎じ薬は一滴もございません」と言うと、「ないとあらば致し方無い。拙者、ひと回り回ってくるよって、その間に二番を煎じておけ」というサゲである。

真冬の一夜の出来事を、面白おかしく描写した秀作だと思う。町内の連中、それもいい歳をしたおじさんたちが、あれこれ言いながら火の用心に回る様子がよくわかり、この噺を聴くと「冬なんだなあ」と再認識する。

私も鍋物が大好物で、ふぐ鍋はもちろん、様々な食材が入った寄せ鍋も好む。しゃぶしゃぶ、きりたんぽ鍋もいい。拙宅がある練馬区氷川台には、住宅街の分かりずらい場所に〈山禅〉という蕎麦屋があり、そこでは鴨鍋を出す。これがまた滅法美味い。ここの鴨鍋には思い出がある。

立教大学の先輩で、永倉万治という作家がいたが、二〇〇〇年十月に亡くなってしまったのだ。心温まる小説とエッセイを書くいい作家だった。一九八八年には『アニバーサリー・ソング』で講談社エッセイ賞を受賞している。先輩後輩の仲でもあるので、同業の作家では最も親しくしていた。永倉さんはエッセイ賞を受賞して間もなく、くも膜下出血で倒れた。手術が成功して奇跡的に命を取り留めたものの、後遺症で左半身が不自由になった。それでもリハビリに耐え、翌年には復帰した。

左から著者、談志、一朝、勢朝、竹丸（末広亭の楽屋にて）

それから間もなく、久しぶりに食事を共にしたのが〈山禅〉である。鴨鍋が食べたいと言う彼の注文に応えたのだ。そこに親友の落語家、立川左談次が同席した。永倉さんも私同様、左談次の気性を気に入って、良き飲み友達になっていたからだ。

気の合う友人と囲む鴨鍋はことのほか美味しく、話が弾んだ。締めはうどんが定番だが、三人とも蕎麦好きなので、せいろを一枚ずつ頼んで、鍋の残り汁に付けて食べた。これもまた鴨汁せいろである。

「蕎麦にして正解だったね」

永倉さんがそう言うと、左談次がいい間合いで、「お約束ですよ」と答えた。「お約束」とは芸界用語で、「当然のこと」とか「おっしゃる通り」といった意味である。

「うどんなんぞは田舎者が食うもんです」

左談次はそう付け加えたが、実はうどんも食べた。その件については、第三章の左談次の項で詳しく述べる。

それから場所を変えて飲み直し、永倉さんは左談次の容赦ないツッコミに思わず言った。

「俺は障害者なんだから、少しは気遣えよ」

すると左談次、「ちゃんとした障害者なら国から金がもらえるのに、中途半端だからもらえないんだよ。言ってみりゃ、半端かたわだな」

これを障害者に対する差別発言だとか暴言と非難しないで頂きたい。落語家は親しい相手にこういうことを平気で言うのが愛情表現なのだ。それを承知の永倉さん、「吉川さん、聞いた？　半端かたわだって。ひどいことを言うねえ」と涙を流して大笑いしていた。

あの時の永倉さんの笑顔が脳裏に残っていて、今でも鴨鍋を食べるたびにあの夜のことを思い出す。

小遊三の「味噌蔵」は味噌田楽が美味しい

味噌田楽とは豆腐を短冊型に切り、よく水を切ってから串に刺し、上に八丁味噌を付けて炭火で焼き上げた料理だ。早い話が焼き豆腐に味噌を付けた物。ご飯のおかずではなく酒の肴である。甘味が強い八丁味噌が焼けると香ばしく、淡白な豆腐を引き立てる。木の芽が取れる季節には、上に木の芽を添える。これが木の芽田楽である。

田楽が出てくる噺として知られるのは『味噌蔵』。これが落語によく登場する吝嗇《りんしょく》家、つまりケチな男が主人公だ。味噌問屋を営む吝兵衛《けちべえ》さん、初めての子供が生まれて、妻の実家が祝いの席を設けるというので、丁稚の定吉をお供に出かける。留守の間、心配なのは火事に見舞われることなので、味噌蔵に火が入らないよう、壁の目塗りを番頭に言いつける。いざという時に、商売の味噌で目塗りをしろと。

留守を預かる番頭は、常々主人のケチぶりに不満たらたらの奉公人たちの要望を聞いて、留守の間にそれぞれが好きな食べ物を注文して宴会を開く。横丁の豆腐屋には、いつも卯の花（おから）しか買わないので、味噌田楽を大量に注文する。

宴もたけなわの最中に、泊まるはずだった吝兵衛さんが帰って来てしまう。宴会の様子を見て激怒し、「かかった費用は給金から差っ引く」と言い放つ。そこへ豆腐屋から「焼けてきました」と田楽が届く。吝兵衛は火事と勘違いし、「どこから?」聞くと「豆腐屋です」と言う。「そんな近くまで焼けたのか」と戸を開ける。とたんに味噌が焼けた臭いが鼻を衝いたから、「いけない。味噌蔵に火が入った」というのがオチ。

私は三遊亭小遊三の『味噌蔵』が好きだ。吝兵衛のキャラクターが実に面白く、そのケチぶりが際立っている。小遊三は明治大学卓球部出身のスポーツマンなのでリズム感が良い。それは落語でも生かされて、登場人物の会話が卓球のラリーのようにテンポがいい。

もう一席、味噌田楽が出てくる噺が『ん回し』。落語にはよく町内の若い衆が集まって馬鹿話をするネタがたくさんある。前述した『酢豆腐』、後述する『饅頭こわい』などで、わいわい騒いだ後で物語が展開するのだが、『ん回し』は、ただひたすら集団で騒ぐだけなのが可笑しい。大量の田楽を前にして、「ん」の付く名詞を言い合い、「ん」の数だけ田楽が出てくる噺が食べられるというルールで言葉遊びをするのだ。

まず皮切りに、「ニンジン、ダイコン」で「ん」が三つ入っているので田楽が三本獲得する者が出る。すると次の挑戦者が、野菜の名を言えばいいと勘違いして、「キュウリ」「トマト」「かぼちゃ」と並べるがどれも「ん」が入っていない。そこで仲間が、「かぼちゃには他の言い方があるだろう」と助け舟を出す。「南瓜《なんきん》」といえば「ん」が二つ入っている。すると挑戦者は期待を裏切り、「唐茄子」と正解をはずす。「他にもあるだろ」と促すと、考えたあげく「南瓜」でなく、「パンプキン」と答えるのは、談志門下の立川雲水が作ったギャグだ。確かに、パンプキンでも「ん」が二つ入っているから田楽二本ゲットできる。日本でもハロウィンが定着したので、パンプキンという言い方が一般的になったわけで、秀逸なギャグである。

その後、「ん」が付く言葉を並べ立て、田楽を十本以上取る若い衆が現れるが、田楽（すでに冷めているに違いない）はそんなに食べられるものではない。食べることよりも、仲間内で受けるためだけにやっているのであろう。『ん回し』はそういう噺なのである。

花緑の「禁酒番屋」はお酒が美味しい

吾輩は下戸である。

酒が体質に合わない。無理して飲むと、気持ち悪くなる。そして吐き気を催す。だから飲まない。よく頼まれる乾杯の発声の際も、ビールグラスに口を付けるだけで、ひと口も飲まない。徹底した下戸なのだ。

酒好きが多い落語家と付き合うのに困らないかと聞かれるが、別段困らない。「飲めない人」と認知されれば、無理強いされることはなく、酒席はウーロン茶で通している。

落語には酒を飲む場面がある噺が多い。『一人酒盛』、『試し酒』、『猫の災難』、『らくだ』、『妾馬』などなど。演者はさも美味そうに飲む仕草を見せる。時には、「ごくごくごくっ」と音を立てる。『試し酒』は大きな盃で五杯も飲む。先代小さんの十八番で、当然のことながら一杯目と五杯目では飲み方が異なる。その違いを表わすのが芸なのだ。

小さんの弟子で孫でもある柳家花緑は祖父の芸を継承し、教えに忠実に演じる。『禁酒番屋』もその一席。

さる大名のご家中で、酔った上の殺傷事件が起こったため、お殿様の命令で家中一同、禁酒すべしとの令が発せられた。家臣が住まいする長屋の入口に番屋を設け、酒を持ち込めないように監視させた。しかし、酒好きの侍が、酒屋に酒を届けさせようとする。

酒屋としては、番屋の侍の目を欺かねばならない。まず、カステラの箱に徳利を入れ、若い衆が菓子屋に化けて届けようとするが、番屋で見抜かれ、没収されたあげく飲まれてしまう。番屋の侍たちも酒好きなのだ。そして、「この偽り者め！」と追い返される。

次の若い衆は油屋に化け、油徳利に酒を入れて持ち込もうとするが、これまた没収。飲まれてしまう。その悔さを晴らす仕返しに、徳利に小便を入れる。松の肥やしとして届けるよう頼まれた「小便屋」と称したのだ。

また偽り者めが小賢しいと、番屋の侍が徳利の小便を一口飲んですぐに吐き出す。「ですから、手前は小便屋とお断り申しました」と答える若い衆に、「この、正直者めが」と怒鳴るのがオチ。

番屋の侍が、没収した酒を飲むところが見せ場で、花緑は小さん同様、さも美味そうに飲む。禁酒令の最中の飲酒は格別なのだろう。

この『禁酒番屋』を改作した落語家がいる。上方落語の女流、桂あやめで、コロナ禍の最中、『禁酒ホテル』という新作を発表した。濃厚接触者と判定され、政府が借り受けたホテルに隔離された男が妻に電話して、「隔離中はアルコール禁止なので、なんとかビールを差し入れてくれ」と頼む。妻はまず酸素ボンベに缶ビールを詰めて届けるが、フロントでチェックする女性の役人に見破られ没収され、飲まれてしまう。次に男の妹が、栄養ドリンクと偽るがこれまた没収。最後に男の娘がペットボトルに小便を入れ、「飲尿療法」と称して届けると、役人が、「そんなことまでして飲ませたいのか」と温情を示し、男の部屋に届ける。一口飲んだ男が、「なんの味もせえへん。味覚障害や」と言うのがオチ。

見事なパロディで、コロナ禍の真っ只中に演じたから、実にタイムリーであった。これぞ『禁酒番屋』の現代版と言える。

白酒の「茗荷宿」が美味しい

茗荷はポピュラーな食材ではない。私自身、茗荷だけ食したことはない。味噌汁の具にすることもない。茗荷をたくさん食べると物忘れをするというのは、この落語を聴いて知った。

江戸の頃、大金を運ぶ飛脚が〈茗荷宿〉という宿屋に泊まる。主人夫婦は飛脚に茗荷を山ほど食べさせれば、金が入った箱を忘れてしまうのではと、次から次へ茗荷を出す。焼き茗荷に茗荷の煮つけ、茗荷の天ぷら、味噌汁、茗荷の刺身まで出す。白酒が演じると「わさびを添えて」とか、味を訊かれた飛脚が、「茗荷だな。それ以上でもそれ以下でもない」と答えるのが可笑しい。

そんなに茗荷ばかり出されたらうんざりしてしまうものだが、飛脚は、「好きだから食べるけど」と文句を言いながらたいらげてしまう。そして翌朝、出立前に、金の入った箱を忘れそうになって、主人夫婦は一瞬にんまりするが、すぐに「大事な物を忘れるところだった」と箱を担いで旅立つ。「何か忘れてなかったか」と思えば、宿賃を払うのを忘れて行ったというのがオチ。

白酒の噺を聴いていると、茗荷が美味しそうに思えるから不思議だ。ただ、生の茗荷をわさび醤油で食べるのはどうかと思うが。

噺を聴いた夜、ソーメンを茹でて、茗荷を薬味にして食べた。私の好みはネギ、シソ、柚子胡椒だが、たまには茗荷もいいと思った。

麺類に薬味は欠かせない。『時そば』の項で記したように、評判の良い蕎麦屋は、わさびとネギが美味しい。当たり前だが、これまで、薬味に茗荷を出されたことは一度もない。

小ゑんの「ぐつぐつ」はおでんが美味しい

柳家小ゑんの新作、『ぐつぐつ』は、彼の自作の中で、飛び切りの傑作と評判が高い。とある私鉄沿線の駅に近い屋台のおでん屋で、鍋の中のおでんたちが会話を交わすのだ。

主人公は何日も売れ残ったイカ巻き。こんにゃくに、「お前はぬるぬるしてて気持ち悪いんだよ」とか、女の子のはんぺんに、「はんぺんちゃんは色が白くていいね」などと言うのが滅法面白い。会話の合間に、「ぐつぐつ」と言いながら肩を揺らせるのは、おでんが煮えている表現だ。おでん屋の親父がお玉で大根をすくおうとして、ざっくり切ってしまうと大根が痛がるのも笑える。

おでんたちの会話を聴いているうち、無性におでんが食べたくなる。特に冬の寒い夜などはなおさらだ。

古典では、『替り目』という噺におでんが出てくる。酔っぱらって帰宅した亭主が、女房に「もう少し飲みたい」とねだり、肴に屋台のおでんを買って来いと命じるのだ。その際、好みのおでん種を指定する。

おでんは人それぞれ、好みの種がある。私が好きなのは、はんぺん、イカ巻き、大根、さつま揚げ、がんもどき、牛筋。我が家ではタコのぶつ切りと油揚げの中に餅を入れたのも煮る。

「ぐつぐつ」では、イカ巻きが最後まで売れ残り、親父が箸でつまんで犬に食べさせるのがオチだが、イカ巻き好きとしては同情する。

読者の皆さんのお宅でも、「我が家ではこれが欠かせない」というおでん種があるはず。「ぐつぐつ」と煮える音と匂いが食欲をそそる。これがおでんの良いところだ。

彦いちの「長島の満月」は給食が美味しい

林家彦いちは、春風亭昇太、柳家喬太郎、三遊亭白鳥らと、ＳＷＡ（創作話芸アソシエーション）というユニットを組み、定期的に新作落語を発表している。彼が作った傑作は数多く、『長島の満月』もその一つだ。

出身が鹿児島県北西部の島、長島で、そこで過ごした少年時代の話がもとになっている。主人公、つまり彦いち自身が上京して、酒席で「給食あるある話」が話題に上った際、故郷の給食のおかずが友人たちとあまりに違うことに驚く。

「給食に刺身が出たよね」と発言すると、全員に「そんなの出ないよ」と言われショックを受ける。世代によって、脱脂粉乳、牛乳瓶、紙パックの牛乳に分かれるのも面白い。

確かに、給食のメニューは世代や地方によって異なる。一九四八年生まれ、団塊の世代の私は、給食と言われたとたん、脱脂粉乳が不味かったことを思い出す。あれはいったいなんだったのか。あんな牛乳のカスみたいな代物をよく子供たちに飲ませたものだ。当時の文部省は何を考えていたのか。

コッペパンも不味かった。マーガリンを付けて、ようやく食べられた。カレーが美味しかったと言う者もいるが、現在販売されているレトルトカレーと比べると、最低ランクのまたその下と言っていい味だった。

同世代で、「鯨カツが出たよね」と言った者がいる。竜田揚げにして出たというのだが覚えてない。近年では、もし鯨肉を出したら、保護団体が黙っていないだろう。

「給食で何が一番美味しかったか」と訊かれても、答えられない。美味しい記憶がないのだ。揚げパンを食べながら紙パックの牛乳を飲んでいた彦いちの世代がうらやましい。ましてや、刺身が出た長島の給食においておや。

美味しい記憶をたどる本書の中で、初めての不味い記憶である。

第二章 甘味が美味～い落語

談志の「饅頭怖い」が美味しい

甘い物が出てくる噺の中で好きなのが、『饅頭怖い』である。町内の若い衆が集まっているところへ、来る途中に蛇と遭遇し、箸って逃げたという奴が駆け込んでくる。それをきっかけに、「一番怖い物を言い合おう」ということになる。

蟻が怖い、蜘蛛が怖いという奴もいれば、ナメクジが怖い、馬が怖いという奴もいる。最後に松公だけが、「怖い物はねえ」と言い張る。この件りは若き日の談志が良かった。

「蛇を鉢巻の代わりにして頭に巻く」

「蟻はゴマ塩代わりに赤飯に振りかける」

「蜘蛛は納豆に入れてかき混ぜると、糸を引いてうまいなんの」

こういった啖呵を切らせると、談志は実に巧かった。持ち時間が短い寄席では、よくこの噺をやるので、何度も聴いた覚えがある。松公が実に憎々しげで、こいつならなんでも食べちゃうだろうと思わせた。

しかし、松公にも怖い物があった。突然それを思い出し、「饅頭が怖い」と言い出す。

打ち上げ会場での談志と著者

饅頭を頭に浮かべるだけで気分が悪くなったと、隣座敷に布団を敷いて横になる。

ここで若い衆が悪だくみをする。嫌味な松公をとっちめるために、皆で饅頭を買ってきて、奴の枕元に置いて、怖がるのを見物しようというのだ。

「そんなことして、死んじゃったらどうするの」という奴に、「これがホントの暗（餡）殺だ」とまぜっかえす奴。そして、それぞれが饅頭を買ってくる。酒饅頭、栗饅頭、葛饅頭などだが、演者によっては、温泉饅頭とか肉まんといった饅頭を入れる人もいる。

近年では、女流落語家の三遊亭かる多が、舞台を現代のＯＬの休憩室にして、互いに怖い物を言い合うという設定に変えて演じる。盛り上がりに水を差すへそ曲がりのOLが、「お菓子が怖い」と言い出すと、同僚たちが、こぞってお菓子を買い集めるのは同じ展開で、萩の月みたいな地方名菓が入っているのが面白い。そのお菓子を平らげてしまうのだ。

本家の『饅頭怖い』でも、枕元の饅頭を見た松公が、「怖いよお」と言いながら次々に平らげる。怖がる振りをして美味そうに食べるところが見せ場だ。その様子を覗いた連中が、一杯食わされたことに気付き、「おめえが本当に怖い物はなんだ」と問い詰めると、松公が、「熱いお茶が一杯怖い」と答えるのがオチ。

饅頭を食べる仕草は、『長短』にも出てくる。気の長い男と気短な男の対比が面白い噺なので、饅頭の食べ方も対照的に演じる。気の長い男は、ひと口食べてはクチャクチャといつまでも噛んで、なかなか呑み込まない。それを見た気短な男が、「じれったくて見てられねえ」と、丸ごと口に放り込み、噛まずに呑み込んでしまう。

甘党の私は、饅頭、どら焼き、きんつば、最中、団子、草餅、桜餅と、小豆を使った和菓子なら何でも来いだ。特にどら焼きが好物で、上野広小路にある〈うさぎ屋〉と、浅草〈亀十〉のを好む。うさぎと亀というのが可笑しい。童話と違って、こちらのうさぎと亀は甲乙つけがたい。

私にとって小説の師匠である色川武大先生は〈うさぎ屋〉のが大好物だった。先生宅を訪れる際、手土産に持って行くと大いに喜び、お茶を入れる前に、二個平らげるのが常だった。

先生が亡くなって三十六年も経つのに、いまでも〈うさぎ屋〉のどら焼きを食べると、先生の笑顔を思い出す。

先代文楽の「寝床」は羊羹が美味しい

「美味いっ、羊羹！」というフレーズを聞いて、「おっ、「寝床」だね」と言った方は、かなりの落語通である。先代文楽が得意としたのが『寝床』で、古今亭志ん生が演じると『素人義太夫』と演題が変わる。どちらもけっこうだが、志ん生のはこのフレーズが出てこない。噺の途中で切ってしまい、旦那が義太夫を語る場面がないからだ。

下手な義太夫を自分が所有する長屋の住人に聴かせようとする旦那は、手代の茂蔵に長屋を回らせる。しかし、住人は何度も被害にあっているので、ありもしない仕事や用事を言い訳に誘いを断る。その言い訳を、いちいち旦那に報告する茂蔵。中に、豆腐屋が来られないのは、がんもどきを大量に作らねばならないとのことで、作り方を説明し始める。そこで旦那が、「がんもどきの製造法を聞いてるんじゃない」と怒るのが面白い。私もこの噺を聴いて初めてがんもどきの製造法を知った。なんの役にも立っていないけれど。

旦那は長屋の住人が誰も来ないと分かると、「それなら店の者に聴かせる」と言い出したので、茂蔵は奉公人を病気にして、それぞれの病状を説明し、義太夫を聴けないと主張する。最後に茂蔵自身の体調を聞かれ、「因果と丈夫で」と答えると旦那が怒る。怒りを鎮めるため、「あたしが犠牲になればいいのでしょう」と覚悟を決める茂蔵。

怒り心頭に発した旦那は、長屋の住人に出て行ってもらうの、すべての奉公人に暇を出すのと言い出した。そこで気の利く番頭が再び長屋を回り、住人たちに頼み込んで義太夫を聴きに来てもらう。そのくだりで終わるのが志ん生型の「素人義太夫」で、長屋の住人が聴きに来るまで演じるのが文楽型の『寝床』である。

客席の座敷には料理と酒が用意されている。長屋の住人は飲食しながら聴くわけだが、下戸のために羊羹もある。お待たせしました。ここでようやく羊羹が出てくる。義太夫が始まると、皆が突風を避けるように頭を下げて義太夫をやり過ごす。誰かが、「ほめてやんなよ」と言うと、それに応えた奴が、「美味いっ、羊羹!」と叫ぶのだ。

しまいには客が全員寝てしまい、旦那が怒っていると、小僧の定吉だけが泣いている。

義太夫に感動して泣いているのかと思いきや、旦那が義太夫を語っていた舞台を指差し、「あそこかあたしの寝床なんです」と言うオチである。

この噺、現代では上司が部下に聴かせる小唄、清元などの邦楽、またはカラオケの歌と共通するので、下手の横好きを「寝床」と言う。カラオケで上司が下手な歌を歌い始めたら、羊羹でなくても、おつまみで出ている物で、「美味いっ、唐揚げ！」と言ってやるがいい。どうせ上司は歌うのに夢中で、聞こえないはずだから。

落語にはご隠居さんのお宅を八五郎が訪ねる場面がよく出てくる。その際、お茶受けの羊羹の話になって、八五郎が、「十本も食うとげんなりする」と言う台詞がある。確かに、羊羹は量が多いとげんなりする。

私の大学の先輩で、新刊が出るたびに贈呈すると、そのお返しに毎度〈虎屋〉の羊羹を送ってくる人がいた。それも桐の箱に入った、一本で数千円するやつだ。先輩は〈虎屋〉の羊羹がお気に入りの贈答品だったのであろう。ありがたいけれど持て余した。和菓子党の私はともかく、家内と息子たちは、あまり羊羹は食べないので、いつも残ってしまい、食べきれたことがなかった。〈虎屋〉には一度で食べきれる小さな羊羹もあるので、どうせならそれを頂きたかった。人から物を頂くのに、注文を付けるのは無礼なのを承知で、いつもそう思っていた。

読者諸兄も、贈り物をする際には、もらう人の気持ちを想像して品物の数や量を決めるように。

結論。大量の羊羹はげんなりする。

先代文楽の「明烏」は甘納豆が美味しい

甘納豆が出てくる噺は、文楽の十八番『明烏』だけだ。

大店の若旦那があまりに堅物なので、父親が町内の若い衆に、吉原へ連れて行って欲しいと頼む。「町内の札付き」と言われる源兵衛と太助は喜んで引き受け、若旦那には「お稲荷さんに参詣して、ひと晩お籠りする」と偽って連れ出す。当時は神社に籠って、夜通し祈願することがあったらしい。

二人が吉原の大門を「大鳥居」と詐称したり、お茶屋の女将を「お巫女頭《みこがしら》」と紹介するのが笑える。廓の座敷に通されて、ようやく若旦那が「ここは吉原だ」と気が付き、帰ると言い張る。それをなだめるところが面白い。そして翌朝、花魁と同衾した若旦那の部屋を覗く二人。そこで勝手に引き出しから甘納豆を出して食べるのだ。ここでいい吐くのが、「朝の甘味はオツだね」という台詞。

起き抜けに食べる甘味を、花柳界では「おめざ」と言うくらいで、濃い煎茶と共に食すと目が覚めるという意味だ。朝食前に甘味を食べるのはどうかとお思いだろうが、朝の遅い花柳界特有の習慣なのだろう。

それにしても、文楽が甘納豆をつまんで食べる仕草は、なんとも形が良かった。昔の寄席の売店には、甘納豆が置いてあったらしく、文楽がこの噺を演じた後は、甘納豆がよく売れたという伝説が残る。

甘党の私だが、甘納豆を買って食べることはない。頂ければ食べるけど、買ってまではちょっと。というのが、甘納豆に対するスタンスである。

三代目三木助の「蛇含草」は餅が美味しい

『蛇含草』は餅の大食いの噺である。蕎麦の項で出てきた『そば清』の餅バージョンと思って頂ければけっこう。展開もまったく同じ。ただ、蕎麦を食べるのは他の噺でも見られるが、焼き立ての餅を食べる場面はこの噺でなくては見られない。ということで、演者は餅を食べるところをじっくり演じる。私の知る限りでは、三代目三木助のが最上と言えよう。『芝浜』を文学的な噺に仕上げたことで知られる名人である。

まだ熱い餅をフーフー吹いて冷ましながら食べる。餅を半分にするとねばるので、上半分を口に入れ、下半分をぶらぶらさせてから吸い込むように食べる。そんな曲芸みたいな食べ方を見せるのだ。食通で知られた三木助のことだから、実際に餅を食べてみて工夫したのではなかろうか。

主人公が旅の途中で大蛇と出くわし、人間を丸呑みにしたのを目撃。苦しそうだった蛇は草をなめたとたん、腹の中の人間が消化され楽になったようで去って行った。これは良い消化剤を見つけたと、草を摘んで江戸に帰る。そして、大食いの賭けで、もうこれ以上食べられないというところで隣座敷に入り、草を口に含む。いつまでも出てこないのを不審に思った者が座敷を開けると、餅が羽織を着ていたというオチまで『そば清』と同じである。草の名前が蛇含草ということでタイトルになった。

内容が同じなのに演題が異なる例としては、『紺屋高尾』と『幾代餅』がある。前者の主人公は紺屋（染物屋）で後者は搗き米屋。つまり、もち米を作る商売だ。前者が惚れる吉原の花魁が高尾太夫で後者は幾代太夫。片思いだった恋が成就して、所帯を持ち、親方の元から独立して商売を始める。前者は染物屋で後者は餅屋。それで餅の名前が幾代餅というわけだ。タイトルに餅が入っていても、餅を食べる場面は出てこない。それは『黄金餅』も同じで、黄金餅という名称の餅が、食べられる場面がない。

『幾代餅』が後味の良い人情噺なのに対して、同じ餅でも『黄金餅』はちょっと陰惨だ。なにせ、死体を焼いて腹の中から銭を取り出す。その金で餅屋を開いて「黄金餅」と名付け、大いに繫盛したというところで噺が終わる。なんとハッピーエンドなのである。

一年中餅を食べるという方はよほどお好きなのであろう。私は正月に雑煮と磯辺焼きで食べるくらいで、特別好物ではない。鍋料理に入っていても、嬉しいと思わない。雑煮は三個が限度で、磯辺焼きは二個がいいところ。それは若い時分から変わらない。本書にたびたび登場する立川左談次は、前座時代に先代小さん宅での新年会で台所で働いていた時、おかみさん（小さん夫人）から「好きなだけお食べ」と言われ、大きめの餅を5個食べた。一緒に働いていた前座仲間に「餅5個野郎」と言われ、しばらく冷やかしのタネにされたとか。それにしても「餅5個野郎」とはストレートな表現だ。富士五湖は知っているが、餅5個とは初めて聞いた。その話をすると、左談次は古傷に触られたように、「勘弁してよ」と恥かしがったものだ。

先代小さんの「長屋の花見」は玉子焼きが美味しい

その昔、王子稲荷の参道に料理屋があり、玉子焼きが名物だった。いなり寿司でなくどうして玉子焼きなのかは分からない。その王子が舞台の落語が『王子の狐』である。経師職人の由さんは王子稲荷に参詣した帰り道、狐が若い女に化けるのを目撃する。ちなみに「狐は七化け、狸は八化け」と言われ、狐は七通りの姿に化けられる。

由さんは狐をだましてやろうと料理屋に誘い、さんざん飲み食いしたあげくに狐を酔いつぶし、玉子焼きの土産まで持って、寝ている間に逃げてしまう。これは『鰻の幇間』で幇間をだました悪い奴に匹敵する詐欺行為である。

狐が目を覚ますと、当然勘定を請求されたので、だまされたショックでつい狐の姿になってしまい、店の若い衆に殴られ、追われて命からがら逃げる。一方、由さんは友達に、「狐はお稲荷さんのお使い姫だから、たたりが恐ろしい」と脅かされ、あくる日狐のもとへ手土産持参で謝りに行く。改心するだけ『鰻の幇間』の男よりはましと言える。応対した子狐が母親に取り次ぐ。そして、手土産を開けて、「美味しそうなぼた餅だよ」と言うと、母狐が「あ、食べるんじゃないよ。馬の糞かも知れない」。人間不信になっていたというオチである。

余談だが、ぼた餅とおはぎの違いをご存知か。どちらももち米を丸めて餡でくるんだ物で、私は俳句を始めるまで違いを知らなかった。ぼた餅は「牡丹餅」と書き、「牡丹」は春の季語、おはぎは「お萩」で萩は秋の季語。つまり、春の彼岸に作るのがぼた餅で、秋の彼岸に作るのがおはぎということになる。ちょっとしたウンチクとして覚えておいて頂きたい。


もう一席、玉子焼きが出てくる噺が『長屋の花見』。こちらは本物の玉子焼きでなく、玉子焼きに似た形に切ったたくわんの漬物だ。貧乏長屋の大家が催す貧乏花見だから、酒瓶にお茶を入、大根の漬物をカマボコに、たくわんを玉子焼きに見立てて、気分だけでも贅沢を味わおうというのである。長屋の住人もしかたなしに付き合うが、かまぼこを勧められ、「これはかまぼこおろしにするといい」などと言うのが笑いになる。たくわんの玉子焼きを勧められた奴は、「歯が悪いので」と断わるのも可笑しい。

この噺を聴くたび、大家さんに、「玉子焼きくらい本物を食べさせてやれよ」と言いたくなる。ただ、江戸時代は卵が高価な物だったのだろう。現代では、卵は値上がりしない

「商品の優等生」と言われる。

さて、玉子焼きだが、どんな調理法がお好きか。砂糖がたっぷり入った甘いやつ、それとも醬油を入れたしょっぱいやつ、蕎麦屋で出すようなだし巻きか。私はどれも好きなので甲乙つけがたい。学生時代、母親が作る弁当のおかずの玉子焼きは甘いやつだった。子供が好きな味である。蕎麦屋に行くと必ず、だし巻きを頼む。家で手巻き寿司をやる時には妻が甘いのを焼く。手巻きはシャリの量を自分で調整して海苔の上に乗せ、細長く切った玉子焼きを乗せて海苔を巻くのが楽しい。

行きつけの寿司屋の玉子焼きは特別だ。具に芝海老のすり身が入っていて、その風味の良さたるやない。赤身の鉄火巻きとかんぴょう巻きもいいが、たまに「玉子を巻いて」と注文することがある。

かんぴょう巻きと玉子巻きは我が家では遠足の弁当の定番だった。時間が経っても風味を損ねないから、もってこいの食材なのである。普段よりも長距離を歩いて腹が減ったところに、野外で食べる海苔巻きは格別美味しかった。

そういえば、近年野外で物を食べることはなくなった。毎年出かける花見の時も、宴会が嫌いなので一人で行くから弁当は持参しない。来年の花見は新宿御苑にかんぴょう巻きと玉子巻きを持って行き、ベンチに座って食べようかと考えている。

志ん朝の「唐茄子屋政談」はかぼちゃが美味しい

かぼちゃはどのようにして食べるのが美味しいか。煮るか、天ぷらにするか、濾してスープにするのがいいか、それともケーキに使うのがいいか。私は煮たのが一番美味しいと思う。それを「唐茄子の安倍川」として出てくる噺が、『唐茄子屋政談』だ。『ん回し』のところでかぼちゃの別名が唐茄子だと述べた。落語にも『かぼちゃ屋』という与太郎噺と、若旦那が主人公の人情噺『唐茄子屋政談』がある。『かぼちゃ屋』は与太郎が、『唐茄子屋政談』は勘当された若旦那が、共にかぼちゃの荷を担いで売りに行く。どちらも叔父さんが青物を扱う商人という共通点がある。

噺としては、『かぼちゃ屋』が短い前座噺なのに対して、『唐茄子屋政談』はトリで演じるべき大ネタである。勘当されてヤケになった若旦那が身投げしようとしたところを叔父さんに助けられ、担ぎ商人《あきんど》として働くことになる。重い物を担ぐのは初めての若旦那、道端で転んで唐茄子を道にばらまいてしまう。そこに登場して若旦那を助ける江戸っ子の職人は、落語の登場人物の中でも飛び切りの「いい奴」といえる。

唐茄子屋が勘当された若旦那だと知ると、親切にも通り掛かりの知り合いや同じ長屋の住人に声を掛け、唐茄子を売ってくれるのだから、落語的表現をすると、「親切の国から親切を広めに来たような人」だ。この江戸っ子を志ん朝が演じると、とっても粋に見える。

仕事仲間の職人に、「唐茄子を買ってくれ」と頼むが、そいつは「唐茄子は嫌いだ」と拒絶し、「いい若い者が唐茄子なんざ食えるか」と啖呵を切る。それを聞いた江戸っ子は、そいつが自分の家の二階に居候していた昔のことを言い出す。「かみさんが「ご宗旨違いでしょうけど、唐茄子の安倍川を煮たんで食べませんか」と声を掛けたら、てめえ、二階から飛び降りてきて、唐茄子の安倍川を二十八切れ食ったろう」とあげつらう。昔のことを持ち出されたので、「買うよ。買えばいいんだろう」と渋々唐茄子を手に取る。すると、「この野郎、いざとなったら大きいの選ってやがる」と言われる始末だ。

江戸っ子の世話焼きぶり、悪く言えばおせっかいぶりがよく表れる場面で、私がこの噺が好きな理由はここにある。「唐茄子の安倍川」というのは、砂糖や味醂を使って煮た甘い物という意味。「ご宗旨違い」というのは、酒飲みの辛党の人に甘い物を勧める際に使われる。辛党と甘党を禅宗と日蓮宗のように「宗旨が違う」と例えた洒落た表現である。

かぼちゃを煮たのも天ぷら好きだが、我が家では蒸かしたのも食べる。ジャガイモ、キャベツ、レタス、きのこ類などと一緒に蒸し器に入れて蒸すのである。蒸しあがったら、葉物ときのこ類はポン酢で、ジャガイモは塩で、そして、かぼちゃは何もつけずに食べる。かぼちゃの甘みがアクセントになって、良い温野菜料理に仕上がる。キャベツとレタスはこの方法だと芯まで食べられる。一度やってごらんなさい。病みつきになるから。

志の輔の「千両みかん」が美味しい

日本橋にある〈千疋屋総本店〉には高級フルーツが並んでいる。奥にあるカフェに行くたびに、値段を見ては、「マンゴーが三万円もする！」とか、「桃1個がこんなに高いの？」と驚く。落語にはみかん一個が千両もする噺がある。その名の通り『千両みかん』。

大店の若旦那が原因不明の病に臥せっている。番頭は主人から頼まれ、若旦那の病の原因を探ると、なんと「みかんが食べたい」と言うのだ。夢に見、幻を見るほどみかんに焦がれていると。「そんなことならお安い御用。買ってきます」と答えたものの、主人に、「この夏の暑い盛りにみかんがあるわけない」と指摘されて慌てる。「みかんが見つからず、息子が死ぬようなことがあったら主殺しの罪で磔《はりつけ》だ」と脅され、みかんを探しに飛び出すが、真夏にみかんを売っている果物問屋はない。やっと一軒、蔵に保存してあるという問屋があり、温度の低い蔵にあったみかん箱を開けて調べると、当然ながら腐っている。その中に、一個だけ腐っていないみかんがあり、値段を聞くと千両だと言う。蔵を使い、大量のみかんを犠牲にして残った一個だから、千両は適正価格と言われ、主人に報告すると、「息子の命が千両なら安いもの」と、千両で買うことになった。

若旦那にみかんを見せると、とたんに顔色がよくなり、美味しそうにみかんを食べ始める。十袋のうち七袋食べた若旦那、「残りの三袋は両親と番頭さんが食べておくれ」と渡す。部屋を出て一人になった番頭はふと考える。自分が暖簾分けしてもらい、店を出す時にもらえる金は五十両がいいところ。このみかん三袋で三百両……。ええい」と番頭はみかん三袋持って失踪してしまったというオチだ。

この噺は、立川志の輔のがいい。もともとパニックになった人間の心理を描かせたら天下一品の落語家だ。新作落語の名作と言われる志の輔作の「歓喜の歌」も、役所の職員がパニックになる噺である。パニックになった番頭が右往左往する姿は、可笑しいけれど哀しい。主人の命令は絶対の、商家の奉公人の悲哀を見事に表している。

物の価値を見誤るというのは現代でもあること。ひょっとして、カジノから千ドルのチッ

立川流の新年会での著者と志の輔

プを三枚持って逃げた奴がいるかもしれない。絵画や骨董品なども、その価値を分かる人と分からない人がいる。そういう意味では、実に教訓的な噺でもある。

さて、みかんであるが、子供の頃は冬になると、炬燵でみかんを食べるのが楽しみだった。両親とも果物のことを「水菓子」と言っていた。町内の八百屋で売っているバナナ、りんご、スイカ、まくわうり、ブドウなどで、当然贅沢品であり、毎日食べられるものではなかった。母がむいてくれたりんごやまくわうりがご馳走だった。みかんも一人一個と決められていた。

夏場に冷凍みかんがキヨスクで売り出

されたのはいつ頃からであろう。私の記憶では国鉄時代からあったはずだ。旬のみかんより味は落ちるが、真夏に凍ったみかんというのが珍しく、列車に乗るたび親にねだったものだ。その正体はみかんシャーベットだったが。

お中元に〈千疋屋総本店〉のみかんを頂いたことがある。店で値段を確かめたら、一個四百円だった。食べる時に思わず「ひと袋四十円。八十円、百二十円……」と数えながら食べてしまった。貧乏人の性ですなあ。

〈千疋屋総本店〉とは別の会社だが、大学生時代に〈銀座千疋屋フルーツパーラー〉でデートしたことがある。立教の後輩の女子学生で、初めてのデートだった。典型的なお嬢様育ちで、母親と銀座で買い物をした帰りに、よくそこで休むのだと言った。

私は初めて入ったので、メニューを見て驚いた。メロンジュースが八百円もする。一九六八年当時の八百円だ。コーヒーが五十〜八十円の時代である。メニューにあるハムサンドよりも高く、コーヒーの十倍もするジュースってなんなんだと思った。嫌な予感が当たり、彼女はメロンジュースを注文した。運ばれてきた物を見て納得した。本物のマスクメロンをミキサーにかけた生ジュースだったからだ。高いはずである。

恥ずかしながら、私は緑色のソーダ水がメロンジュースだと思っていた。クリームソーダはメロンジュースにアイスを入れた物だと。彼女はストローで本物のメロンジュースをすすりながら、「美味しい！」と微笑んだ。私は安い紅茶をすすりながら微笑み返した。育ちが違う女性と付き合うのは大変なことだと痛感し、以来お嬢様育ちの女性を敬遠するようになった。

一之輔の「初天神」は団子が美味しい

落語に子供が出てくる噺は数多い。『桃太郎』、『真田小僧』、『雛鍔』、『子別れ』、そして、『初天神』だ。どの噺の子供も一様にこまっちゃくれてる。大人をやり込めるほどの悪知恵が働く。『真田小僧』に至っては、親をたぶらかして小遣いをせびり取る。それに比べると『初天神』の子供は罪がない。

毎月二十五日は天神様の日で、境内では縁日や骨董市が開かれる。中でも一月二十五日は年の初めなので「初天神」と呼ばれる。縁日は色んな食べ物が並ぶので、今でいうフードコートみたいなもの。子供が行きたがるのも無理はない

父親がお参りすると知った金坊は、「連れてっておくれよ」とねだる。父親に「何買ってくれと言わなければ」と釘を刺され、「いい子でいるから」と約束して付いて行く。し

かし、いざ露店の食べ物を前にすると、あの手この手を使って買わせようとする。

まず飴を買ってもらうと、飴屋が金坊に向かって、「グッジョブ！」と親指を立てる新しいくすぐりが可笑しい。今を時めく売れっ子の一之輔、こういった笑いのツボを心得ている。

続いて団子を買わせる。「餡がいいか、蜜がいいか」と訊かれ、父親が、「蜜は垂れて着物を汚すから」と言うのに、金坊は「蜜がいい」と言い張る。蜜というのは、みたらし団子ではなく、砂糖を煮たガムシロップのような物を付けた団子であろう。団子の串を手に取った父親は、先に蜜を全部なめてしまう。金坊がすねると、蜜が入った壺の中に団子を入れる。二度付けというやつで、団子屋にとっては困ったお客である。

この後、父子は凧を買って、凧揚げをするが、父親の方が夢中になって金坊が呆れ、「こんなことなら、おとっつぁんを連れてこなきゃよかった」というのがオチ。

団子を食べる場面が見せ場なので、一之輔もたっぷり演じる。凧揚げにしても、金坊より父親の方が子供じみているのが面白い。

さて、団子であるが、私の場合、「買ってまで食べたい和菓子のベスト3」に入る。新宿三丁目にある〈追分だんご〉の草団子と、みたらし団子が好物で、テイクアウトもすれば、売店奥の喫茶室で、お茶と共に頂くこともある。作りたてはやわらかく、格別美味しい。

ただ、近頃はスーパーやコンビニで売っている草団子とみたらしもバカにできない。追分だんごの三分の一の値段なのに、けっこう美味しいのだ。老舗の団子屋もうかうかできないご時世である。

市馬の「百川」はきんとんが美味しい

江戸時代に実在した日本橋の料亭、〈百川〉で起こる珍騒動を描いた『百川』は、多くの落語家が演じるが、私は市馬のが一番好きだ。歌が上手いだけあって音感がいいのだろう。歯切れの良い口調のリズムとメロディが耳に心地良い。

現在のハローワークに当たる「桂庵《けいあん》」の紹介で、百兵衛という田舎者が奉公人として〈百川〉へやって来る。ちょうどその時、二階座敷では町内の若い衆が集まって何やら相談中だ。用があって仲居を呼んでいるのに、仲居たちは髪を結うため髷をほどいててしまい、客の前に出られる状態ではない。そこで主人は、百兵衛に「ご用の向きを聞いてきてくれないか」と頼む。そして、百兵衛が座敷に出向いたことから間違いが起こる。

若い衆の相談というのが、祭の神輿の付属品で、各町内が回り持ちで預かる「四神剣《しじんけん》」

を質屋に入れてしまったので、早く受け出さねばという話だった。そこに百兵衛がやってきて、田舎言葉合で、「主人家（この家）の抱え人（奉公人）」と言ったから、早とちりの兄貴分格が、「四神剣の掛け合い人」と聞き違える。隣町の者が、「四神剣はどうなってるんだ」と交渉に来たと勘違いしたのだ。

なんとか穏便に納めて、今日のところは帰ってもらおうと酒を勧めるが、百兵衛は「飲めない」と断る。そこで甘味の「くわいのきんとん」を勧める。

くわいは馴染みのある食材ではない。小さい丸い実に芽が生えていて、実の部分は見た目が里芋に似ている。これをきんとんにして、おせち料理に入れる地方があると聞く。実から芽が出ているので「芽出たい」に通じ、芽は伸びるので縁起がいいという意味からだ。

市馬は日本歌手協会の会員でもある

そのくわいのきんとんを兄貴分が、「ここは具合をぐっと呑み込んでもらいたい」と勧める。具合とくわいをかけて、「事情を察してくれ」とほのめかしたわけだ。

ところが、間に受けた百兵衛は、大きなくわいを噛まずに呑み込んで、目を白黒させて座敷を出て行く。

その前に、「きんとんを取り皿で出せ」と言われた若い者が、きんとんを箸でつまんでから取り皿を探す。それを兄貴分が咎める。

「皿を取ってからきんとんをつまめ。餡がぼたぼた落ちてるじゃねえか。箸をなめるな。なめるなら横にしてなめろ。縦にしてなめるから喉をついて涙ぐんでやがる」

その有様を想像するとたまらなく可笑しい。こういう場面が落語の面白いところだ。

若い衆が再び仲居を呼ぶと、百兵衛が現れたことで、当家の奉公人であるとわかり、ようやく用事を言いつける。出かけた百兵衛はまたもや大きな間違いを犯すのだが、きんとんが出てしまったので、噺の解説はこのへんにする。

我が家ではおせち料理に、くわいのきんとんでなく市販の栗きんとんを詰める。お雑煮や塩っ気の多いおせち料理の箸休めとしての甘味は、実に美味しいものだ。「おせちの甘味はオツだね」と言いたくなる。

東京では有名な仕出し弁当の店、〈弁松〉の弁当に、芋きんとんが入っている。真打披露興行のお弁当によく出されるので、落語界では馴染みのある弁当だ。けっこうな量なのについては、賛否両論ある。「あのきんとんが好きなんだよ」という派と、「甘味はちょっとでいいんだ。あんなにいらない」という派だ。私は前者。弁松の弁当を食べたことのある読者はどうお思いか？

円丈の「グリコ少年」はキャラメルが美味しい

三遊亭円丈は、「新作落語中興の祖」と称される。彼がいたから、現在の新作落語の興隆があると。私も同感で、円丈の功績は大と言いたい。

数多い傑作の中で、『グリコ少年』は初期の代表作である。キャラメル全盛の少年時代に食べたグリコを始め、お菓子に対する思い入れを語る落語だ

グリコの他に、森永ミルクキャラメル、明治サイコロキャラメル、不二家のミルキー、紅梅キャラメル、サクマ式ドロップなど、懐かしい飴類が次から次に出てくる。たくさんある中、やはりグリコは特別で、創始者の江崎利一会長へ賛辞を捧げ、トレードマークになった両手を広げてゴールインするおじさんは、会長自身ではないかと推察する。

「いいかい。忘れるんじゃないよ。グリコは1粒300メートルなんだ」

そう語り掛けているのだと。

「1粒300メートル」はグリコのキャッチフレーズだった。どういう意味か調べてみた。グリコ1粒は1・5カロリーとか。二十歳の男性が分速160メートルで走ると、一分間に使うエネルギーは8・71カロリーなので、1粒で1・89分、約300メートル走れることになる。科学的根拠があるキャッチフレーズなのだ。

私の子供時代は、森永ミルクキャラメルをよくなめた。ミルキーは歯にくっつくので好きでなかった。グリコはおまけ付きなので、おまけにつられて買った。子供だましの物だが楽しみだった。大人になってからなめるのは、のど飴くらいの物だが、なぜか時々キャラメルをなめたくなることがある。「ノスタルジー」という隠し味を求めるのか。

現代の子供は、「虫歯になるから」との理由で、あまり飴をなめない。確かに、キャラメルは虫歯になりそうで、親は遠ざけたいお菓子なのであろう。悲しい現実である。

円丈は噺の最後に、「愛するグリコとキャラメルに幸いあれ！」と叫んでいた。そういう落語を作って演じたことが、中興の祖たる所以と言える。

第三章 芸人達との美味～い思い出

談志と最後に食べた寿司の味

落語立川流家元、立川談志。

この稀代な落語家を、弟子や関係者は「家元」とよんだ。私にとっては、中学生の時にファンとなり、以来四十五年追い続けてきた落語家であり、家元の晩年は立川流顧問として仕えた師でもある。

逸話の多い方だから、食べ物に関する話もたくさんある。家元の好物は鰻であった。上野池之端の鰻屋〈伊豆栄〉が行きつけで、取材や対談の依頼があると、たいてい「伊豆栄で」と指定するくらい贔屓にしていた。上野公園内の別館〈梅川亭〉もたびたび使った。他にも支店があるが、めったに行かなかった。

ある時、家元が店に電話をかけた。店主が出るとこう言った。

「今ね、とんでもなく不味い鰻を食っちまって、口直しにそっちへ行くから」

店主は笑いながら、「そんな不味い鰻、どこで食べたんですか」と尋ねると、家元が間髪入れずに言った。「てめえんとこの支店だ」。〈梅川亭〉以外の支店（現在はない）で食べたのである。名店にも、時に不味い支店があったのだ。

家元は倹約家だった。徹底して無駄を嫌う。自腹ではタクシーに乗らず、電車とバスを利用した。当然食べ物を無駄にしない。冷蔵庫には全国の贔屓客から送られてきた贈答品の食品が山ほど入っているが、賞味期限が切れた物でも捨てようとしない。「捨てるくらいなら食って腹をこわしたほうがいい」と豪語していたし、「古い物から順に食ってるんで、新鮮な物を食ったためしがない」とぼやいてもいた。

笑点メンバーの三遊亭小遊三さんは、毎年暮れに蒲鉾と伊達巻きを送ってくれた。小田原の〈丸う〉という店の物で、これが滅法美味かったのだが、廃業してしまった。当然家元にも送っていて、「あれはいいです」と言っていた。「いいです」は家元の最上の褒め言葉だ。

ある日、小遊三さんの所属事務所に家元から電話があった。電話を受けた社長の中村さんは寄席文字の橘右橘として、業界でも有名な方で、私が属していた「駄句駄句会」の同人である。

「小遊三が送ってくれる蒲鉾ね。急にあれが食べたくなったので送ってくれないか」

家元にそう言われたら誰でも送る。ただ、その日が日曜だったので、翌日手配するつもりが、忙しさに紛れて遅れた。すると家元から中村さんの携帯に留守電メッセージが入った。

「頼んだ蒲鉾、どうした。早く届かねえと食いたくなくなっちゃうじゃねえか」

このメッセージを句会の席で中村さんが同人たちに聴かせたので皆に大受けした。談志門下の立川左談次が言った。

「よっぽど食いたかったんだねえ。でも、それじゃ子供だよ」

そういう子供っぽさを含めて愛されるのが立川談志なのだ。

弟子の立川生志の持ちネタ、「一杯の月見そば」という話を紹介しよう。地方公演の帰り、ローカル線の駅構内の立ち食いそばで、家元が月見そばを注文した。一人で食べ切るほど空腹ではなかったのだろう。蕎麦のどんぶりをカウンターテーブルに置いてひと口すると、生志に「そっちからいきな」と言った。反対側から食べていい、ということだ。

生志は、「ありがとうございます」と、割りばしを割って、どんぶりの反対側から蕎麦をすすった。もちろん生卵には手を付けない。師弟が一杯の月見そばを一緒にすすっている姿を想像すると、たまらなく可笑しい。そのうち、一本の蕎麦が師弟の口と口でつながってしまった。生志はあわてて箸で蕎麦をちぎった。最後に残ったそばつゆは、「飲んでいい」

著者と家元とのツーショット（橘連二氏撮影）

と言われたので生志が飲み干した。
「一杯の月見そば」という人情噺（？）である。

家元は晩年、喉頭がんで思うように声が出ず苦しんでいた。食べ物を飲み込むのも辛そうで、食欲を失った。そんな姿を見て、「なんとかよくなってもらいたい」、「ちょっとでも楽になれれば」と思うのが弟子の気持ちである。立川談春もその一人で、自分が通っている整体の医院に家元を連れて行った。

その医院は赤羽にあるので、帰りに談春の行きつけの寿司屋、〈みや古〉に寄って、家元にご馳走しようと思いついた。その店は私の行きつけでもあったので、「付き合ってください」と誘われた。家元と一緒ならどこへでも行くので、治療が終わる時間を見計らって、店内で待っていた。

家元が談春に案内され入ってきた。私が、「整体はいかがでしたか」と尋ねると、「ちょっとは楽になったかな」と答えた。「ここの寿司はいけるんですよ」と言うと、「あなた方は勝手にやってよ。食べたいネタがあったら注文するから」と言った。

私と談春はいつものように、親方お任せの握りを食べ始めた。何貫目かに海老が出た時、初めて家元が反応した。

「美味そうだね。海老がどんな味だったのか確認するために食べてみるか」

親方がここぞとばかりに気合を入れて海老を握った。家元が食べた。ちょっと苦し気に飲み込んだ。

「うん、美味い。こういう味だったんだ」

私と談春、親方が同時に笑顔になった。

それから家元はマグロのヅケとアナゴを一貫ずつ食べただけで、親方に言った。

「張り合いのない客でごめんなさいね」

寿司職人に対して、あまり食べられなかったことを詫びる心遣い。この優しさが立川談志の本質だと思う。

そして帰り際、店に居た他の客に、「おやかましゅう」と声を掛けた。「お騒がせしてすみません」という意味の江戸言葉である。

家元と会食したのはこれが最後になった。食べ慣れている店の寿司なのに、この夜に限って、美味しく感じなかった。

可朝にご馳走になったてっちり&お好み焼き

一九八三年、私が演芸評論家として初めて芸人伝を『オール讀物』に連載した際、初回に取り上げたのが可朝師匠だった。「高座は奇人でいっぱい」という連載タイトルにぴったりの芸人だからだ。

連絡を取って大阪まで出向くと、梅田で会って話を伺った。その内容のあまりの面白さに、仕事であることを忘れ思わず聞き入った。高座が面白い芸人は座談も面白い。特に波乱万丈の人生を送った落語家の話は。

その取材が切っ掛けで親しくお付き合いさせてもらっていた。師匠が上京する際、私が大阪へ出向く際は互いに連絡を取り合い、時間があれば会って食事をしながら雑談をした。師匠は大阪市内の美味しい店をよく知っていた。中でもよくご馳走になったのはフグである。

関西ではふぐ鍋を「てっちり」と言う。フグの別名は「鉄砲」(よく当たるという洒落)なので、鉄砲のちり鍋だからてっちりだ。東京ではあまりなじみがなく、ふぐは高価というイメージがあるので、ちゃんとしたコースは食べたことがなかった。

まず、フグの皮が入った煮凝りのお通しから始まる。皮の食感と煮凝りの味がよく合う。続いて薄造りの刺身。鉄砲の刺身だから「てっさ」という。関西人は言葉を詰めるのが巧い。地名にしても、「上本町六丁目」を「上六」と呼ぶのだから。

刺身をポン酢で食べるのも初めてのことだった。もみじおろしも初めて使った。淡白な白身なのにポン酢で食べると美味しさが際立つ。最初にてっさをポン酢で食べた人を尊敬する。あっという間に平らげると、ひれ酒を飲みながら食べていた師匠が、半分残したてっさの皿を、「よかったら食べて」と差し出した。遠慮なく頂いた。夢中で食べるのを、師匠は「若い人は食欲があってええなあ」と、笑顔で見ていたものだ。私は三十台後半、師匠はちょうど十歳年上だった。

次は唐揚げ。フライドチキンとは比べ物にならないほど美味しい。比べちゃいけないけど。そして、メインのてっちりの登場だ。仲居さんが白菜の芯、ネギ、シイタケなどの野菜類と一緒に骨付きのフグの身を入れる。骨のない身はすぐに煮えるので、後から白菜の葉や豆腐と共に入れるのがいいと教えてもらった。後に東京でフグ鍋を食べる際、私が鍋奉行として仕切るようになったのは、しょっちゅう師匠とてっちりを食べていたおかげだ。仲間に、「吉川さんは鍋になると張り切るね」と言われる。

てっちりもポン酢で食べる。白菜がこんなに美味しいと思ったのはてっちりで食べた時だ。漬け物嫌いの私は白菜の塩漬けさえ食べられないから、白菜とは縁が薄かった。「白菜さん、毛嫌いしててごめんなさい」と言いたいほど鍋の白菜は美味しい。葉っぱだけでなくクタクタになった芯がまた美味で、以来白菜は好物になった。

鍋の豆腐もまた格別である。熱いのをポン酢につけて、フーフー言いながら食べるのがいいですな。

フィナーレは雑炊だ。これも仲居さんが作るのを毎回見ているうちに覚えてしまった。灰汁を取り、汁を透明にしてから冷えたご飯を入れる。サラサラの雑炊が好きか、おかゆのようにべっとりしたのが好きか、好みによって汁の量とご飯を煮る時間が違ってくる。師匠も私もサラサラ派なので汁は多め、煮る時間は短めだ。火を止めてから生卵を溶いて分葱と一緒に入れ鍋で蓋をする。しばし蒸らしてから仲居さんがよそってくれた。その雑炊たるや、卵の黄色の上に鮮やかな緑の分葱がかかって見た目にも美しい。もちろん食べ

左から、左談次、可朝、著者（末広亭の楽屋にて）

れば美味しいに決まっている。

鍋奉行になった私は、雑炊を他人に作らせない。すべて自分でやって同席の方々に食べてもらう。「うるさいだけあって、吉川さんが作る雑炊は美味しいね」と言われると大変嬉しい。これも可朝師匠のおかげである。

師匠が心臓を患っていることを知ったのは亡くなる数年前のことだが、確かに最後に大阪でお会いした時、どす黒い顔色で、いかにも具合が悪そうだった。フグの季節ではなかったし、昼間だったので、「お好み焼きでもどうでっか」と誘われた。

阪急梅田駅から歩いてすぐの複合ビル、

梅田エスト一階にある〈やまもと〉という店が師匠の行きつけだ。普通のお好み焼き、焼きそばの他に名物の「ねぎ焼き」があって、これがいける。

私がいつも頼むのは牛すじとコンニャクが具で、山盛りの青ねぎが入った「すじねぎ」。初めて食べた時、「これぞ大阪のお好み焼きだ」と感動したものだ。値段は千円を超えるけれど、高いとは思わない。もっとも、毎度師匠にご馳走になっていたが。

都内のお好み焼き屋に入ったら同じメニューがあったので食べてみた。似て非なる物だった。やはりお好み焼きは大阪に限る。

師匠は牛肉、エビ、イカが入ったデラックス焼きそばを頼んだ。あまり食欲がないみたいで、「潮はんも食べて」と勧めてくれた。六十歳を過ぎても食欲旺盛な私は、ありがたく頂戴した。デラックス焼きそばは、ねぎすじ同様美味しかった。

大阪で師匠と会ったのはそれが最後である。二〇一八年三月十日、師匠の七十七歳の誕生日にお江戸日本橋亭で「喜寿の落語会」が開かれる予定だったが、体調不良のため中止になった。それから半月後、師匠はこの世を去った。

こんど大阪へ行ったら梅田の〈やまもと〉ですじねぎを食べ、師匠を偲ぶつもりでいる。

左談次が食べたカレーうどん

立川左談次は落語家の中では一番の親友だった。だった、と過去形で言わなければならないのがたまらなく辛い。食道癌のためこの世を去ってしまったのだ。

演芸評論家になって初めて親しく付き合ったのが左談次である。軽妙洒脱な芸風が私の好みだったし、竹を割ったような気性が好きだった。私より二歳下、同世代なので話が合い気が合った。私は「さだやん」と呼び、彼は「吉川さん」と呼んだ。年下の落語家はたいていてい「先生」と呼ぶのだが、さだやんは死ぬまで「吉川さん」だった。芸人と演芸評論家の付き合いでなく、友達同士だから。

おかみさんがしっかり者の姉さん女房で、私の妻と仲良くなり、家族ぐるみの付き合いになった。当時小学生と幼稚園児だった二人の息子たちも左談次おじさんが大好きで、酔っぱらって我が家に来ると、喜んでかまってもらっていた。

酒飲みは炭水化物類をあまり食べないと言うが、左談次も例外ではない。古今亭志ん生の長男、金原亭馬生の飲み方にあこがれていて、「並木の藪でさ。蕎麦をつまみながら菊正を飲んでる形がいいんだよ」と言っていた。落語家は形を大事にするから、左談次もこだわっていたようだ。

私と左談次、春風亭勢朝、立川談之助で伊東温泉へ出掛けた時のこと。お昼に蕎麦屋に入ると、左談次が珍しくカレーうどんを頼み、さらに「餅を二つ入れて」と言ったので皆が驚いた。うどんに餅を入れたのは「力うどん」でメニューにあるが、カレーうどんに餅を入れるなんて聞いたことがない。

「師匠らしくないドジなもんを食べますね」

勢朝がそう言うと、左談次は「うん。時たまこういうもんが食べたくなるんだ」と答えた。想像するに、気の置けない仲間だけだし、東京と遠く離れた伊豆だったからかも知れない。「旅の恥は掻き捨て」というやつだ。

餅入りカレーうどんが運ばれてきた。真夏だったので、ひと口ふた口食べたら汗が噴き出す。カレーだけ、うどんだけでも汗をかくのに、両者が合体して、そこに焼きたての餅が入っているだから三倍の暑さである。汗だくになって食べる左談次を見て、弟子の談之助が言った。

「長い付き合いですけど、こんな兄さんを見るのは初めてです」

人は意外な一面があるものだと思い知った。ダンディな左談次が汗だくになって餅入りカレーうどんを食べている姿は脳裏に焼き付いて、思い出すたび笑ってしまう。さだやん、よっぽど食べたかったんだろうな。

ただ、勢朝が同席してしたのがまずかった。なにせ仲間の秘密を平気でしゃべる「落語協会の秘密へいき」だ。帰京後、左談次が餅入りカレーうどんを食べたことが、たちまち仲間内に広がった。

「勢朝はおしゃべりだね」

さだやん、しきりにぼやいたものだ。

左談次は山藤章二さんが主宰する駄句駄句会の同人で、私と同じく結成時以来のメンバーである。俳号は斜断鬼。食べ物の句に傑作が多い。

「落花生老婆の口に三時間」

「ずるずると生きて煮凝り一人喰ふ」

「新米を納屋に隠して笑ふ百姓」

「縁側で栗むく祖母の手は武骨」

「腹いっぱい喰う気にならぬ心太《ところてん》」

彼の高座に通じる軽妙洒脱な句である。

句会は毎月、神楽坂の鰻屋〈志満金〉で催されていた。最後に出る鰻重を左談次は食べずに、いつも土産用の折詰で持ち帰った。帰宅後、きっとおかみさんと一緒に食べるのだろうと皆が思っていた。子供がいない夫婦で、愛妻家だった。

「山椒をたくさん入れといて」

ある時、左談次が仲居さんにそう頼んだ。すると、仲居さんが小さな山椒の袋を山のように入れた。それを数えた左談次のセリフがよかった。

「とっぷくろ（十袋を江戸っ子が言うとこうなる）も入ってるよ。そんなに山椒かけたら、鰻食ってんだか山椒食ってんだかわからなくなっちゃうじゃねえか。ものには程があらあ」

たくさん入れといてと言ったのに、こんどは多すぎると文句を言う。

「いっぺんに使うことないじゃない。とっといて焼き鳥にかけるとか、お吸い物に入れるとか、他にも使い道はあるだろうよ」

私がそう言うと、「そうですね」と答えた。素直なところもあった。

二〇一六年の夏、左談次が食道がんだと知らされた時、目の前が真っ暗になった。またか、と思った。毎年のように知人、友人が癌で亡くなっている。

芸人だとまず家元。文都、古今亭志ん五、白山雅一さん、元ナンセンストリオの前田隣さん。俳優では親しくお付き合いしていた緒形拳さんと小沢昭一さん。友人では古い付き合いで俳句仲間でもあった元フジテレビの横澤彪さん、放送作家の兄貴分、鳴海昌明さん。そして、こんどは左談次だ。「癌の野郎め、俺の大事な人を何人奪いやがるのか」と、激しい怒りを覚えた。

抗がん剤治療のため入院していた駒込病院に左談次を見舞った。副作用で髪が抜け始めていた。その姿を見て、帰り道涙が止まらなかった。

退院すると高座に復帰した。もともと業界関係者の間で評価が高かったし、人柄を愛する仲間は大勢いる。仕事のオファーは多かったようだが、身体の負担にならない程度にこなしていた。

その後も月に一度、十日間前後は抗がん剤治療のため入院した。見舞いに行った勢朝が私に言った。

「もう一度皆で伊東に行けませんかね」

勢朝の気持ちは痛いほどわかる。できることなら私も連れて行ってやりたい。しかし、抗がん剤の副作用で体力が衰え、どこへ行くにもおかみさんが車で送り迎えをしていたくらいだから、旅行は無理だろうと思った。

「行けるもんなら行きたいけどね……」

二人でしんみりとした。

二〇一七年になると、咽頭に癌が転移し、声が出ずらくなった。固形物が喉を通らなくなり、流動食に頼る始末だ。それでも高座に上がり、声が聴きづらい頃は画用紙にマジックで文字を書いて補って演じ続けた。

二〇一八年三月十九日、最後の高座を務めた一週間後に左談次は逝った。町屋斎場で執り行われた通夜と告別式には6百人を超す友人、知人、ファンが参列した。誰もが早すぎる死を惜しんだ。私は告別式の最後まで残り遺骨を拾った。

遺影を眺めていたら、四十年の付き合いの色んなことを思い出して涙が溢れてきた。遺影に向かって語り掛けた。

さだやん。もういっぺん、カレーうどんを食べさせたかったよ。餅を二個入れてさ。

文都が残した玉子焼き

我が国には色々な味の玉子焼きがあることを大人になってから知った。大学に入るまでは、玉子焼きといえば母が作る砂糖がたっぷり入った甘い物だと思い込んでいた。甘くない玉子焼きを食べたのは、大学を出た後だ。放送作家の仕事をするようになり、テレビ局のスタッフと地方のホテルに泊まった時に食べた朝食である。

プレーンオムレツだと知らないから甘くないことに驚き、スタッフたちがケチャップをかけるのを真似して食べたら、美味しいのにまた驚いた。オムライスの卵の上にかけるのと同じ原理だから納得できた。

次に甘くない玉子焼きを食べたのは蕎麦屋で頼んだダシ巻き玉子である。ダシが卵本来の甘さを引き立て、大根おろしを乗せて食べるとそれは美味であった。以来、蕎麦屋で蕎麦以外のものを注文する際、ダシ巻き玉子は欠かさない。ただ、ダシ巻き玉子には悲しい思い出がある。

談志門下の立川文都は、大阪出身で落語も大阪弁で演じた。江戸落語の本家本元、立川談志がそれを許したのだから、見どころがあると判断したのだろう。

前座名は談坊、二つ目になって関西と改名、真打昇進を機に上方落語界の名跡である文都を襲名した。本来は桂文都だが、あえて立川文都を名乗った。談志の弟子だと分かるように。それほど師匠を敬愛していた。

私は彼の芸風と人柄を愛し、親しく付き合った。練馬区在住の私のウォーキングコース、城北中央公園に、板橋区在住の文都が上板橋方面からやって来た。公園内で待ち合わせ、よく一緒に歩いた。座談の面白い奴だから、話しながら歩いているうちに、気がついたら一万歩を越していた。

二〇〇九年二月に、彼が癌であることを打ち明けられたのも公園のベンチで休憩していた時だ。胃癌だと言うので、「早期発見なら完治するよ」と励ました。ところが、進行の早いスキルス性の癌だった。

文都は離婚して独り暮らしなので、闘病生活には何かと不便なこともあり、母親がいる大阪の実家に戻って向こうの病院で治療を受けることになった。私は大阪まで見舞いに出向いた。一時退院していた時なので、心斎橋の日航ホテルで待ち合わせ、お昼を食べるつもりで、ホテル内にあった〈美々卯〉に入った。うどんすきの名店である。

「何を飲む？」と尋ねたら、「やけくそでビールを頂きますわ」と答えた。病状はよくないはずなのに、そこは落語家だ。無理して明るく振舞った。肴に湯葉の刺身、板わさ、ダシ巻き玉子を頼んだ。酒好きの文都はビールをお代わりしたが、湯葉と蒲鉾に少し口をつけただけで、食欲がない様子だった。唐突に訊かれた。

「先生に伺いたいんですが、談春と志らくはそんなにええんですか？」

業界で評価が高い二人の後輩のことだ。前座時代は自分が指導し、面白さは文都のほうが上だった。それが真打になると、いつの間にか二人は売れっ子になり、マスコミにも注目されていることに納得がいかなかったのだろう。

当時、私は立川流の顧問を務めていた。談春、志らくがどれだけ努力して売れっ子になったか一番よく知っているので、そのことを話したら文都は納得してくれた。

湯葉刺しと板わさは食べ終えたが、ダシ巻き玉子が残っていた。

「ここのダシ巻きは美味しいよ」

勧めたけれど、文都は手を付けなかった。胃が受け付ける状態でなかったようだ。締めにうどんを食べようと思っていたが、玉子焼きも受けつけないのだから、うどんを食べられるわけもない。皿の上に残ったダシ巻きが私同様寂しげだった。

それから三ヵ月後の十月二十九日、文都はこの世を去った。以来、ダシ巻きを食べるたび、あいつのことを思い出す。美味しい記憶であると同時に悲しい記憶でもある。

先代三木助と共に食べた学食のカツカレー

四代目桂三木助。現在、彼の甥っ子が五代目を継いでいるのだが、私が三木助と言う時は四代目のことだ。それだけ三木助には深い思い入れがある。

二〇〇一年正月三日。三木助は自ら縊死してしまった。うつ状態だったと言われたが、自殺の真相ははっきりわからない。今でも時々想う。今あいつが生きていたら、どんな落語家になっていたかと。若い頃から華のある高座で人気があった者が、六十近くになって渋みが出て、魅力を増していたに違いない。

私との付き合いは、演芸評論家と落語家という仲ではなく、同じ大学を出た先輩後輩の間柄だった。三木助は私を「先生」と呼んだが、その調子は「先輩」という感じであり、私は「三木さん」と呼んだ。『蛇含草』の項で述べた三代目は食通で有名な人だったが、その実子である四代目も食通だった。幼児期に父親を亡くしているので影響を受けたわけでない。多分、兄貴分のような存在だった落語界一のグルメ、春風亭小朝の影響だろう。

よく一緒に食事をした。いつも夜、和食の店に行くのが常なので、たまにはランチもいいだろうと私が誘った。「三木さん。立教の学食へ行かないか」と。三木助は「いいですねえ」と喜んで付き合ってくれた。二人で久しぶりに母校のキャンパスに足を踏み入れた。

立教のキャンパスは煉瓦造りの建物が残っていて、キリスト教系だから、ペギー葉山のヒット曲「学生時代」の歌詞の通り、「蔦の絡まるチャペル」があった。学食もまた歴史を感じさせる建物で、学生時代はそこで毎日のように食事をした。私の好物はカツカレーで、入学した1967年当時、たしか八十円だった。

三木助は学食に入ると、「懐かしいなあ」と見回した。当然のごとくカツカレーの食券を買った。カレーもカツも平均以下の味だったが、そこに「懐かしさ」という調味料が加わったせいで、格別美味しく感じた。三木助も同じで、「たまに食べたくなる味ですね」と言った。

読者諸兄にも「懐かしい食べ物」が必ずあるはずだ。それが今も食べられる方は幸せと言える。その時の私と三木助は、たまらなく幸せだった。

落語会の後の打ち上げにも、よく三木助と同席した。あれは小朝が浅草演芸ホールでトリを取った時の千秋楽の打ち上げのことだ。小朝は毎度美味しい店、しかも高級な店で打ち上げをする。その時はステーキハウスだった。真打から前座まで十人以上出席して、肉を焼く鉄板を取り囲んだ。

ウエーターがオーダーを取りに来て、牛肉の種類と焼き加減を尋ねるのがステーキハウスの常である。まず最初に、一番端っこにいた前座から「お肉は何を?」の聞いたのがまずかった。本当なら、ヒレかテンダーロインかを選ぶべきところ、前座は肉の種類を聞かれたと思い込んで、「牛を」と答えた。つまり、豚でなく鶏でなく牛肉を欲したのだ。真打連中が笑った。すると三木助が言った。

「牛肉が食べたかったんだからいいじゃないの」

優しくフォローしたので前座も恥をかかずに場が和んだ。続いて焼き方を聞かれた前座が、「よく焼いてください」と答えたのを、また三木助が「ウェルダンで」とフォローした。優しい奴だなと、嬉しくなった。

二〇〇〇年の暮れ、「三木助が鬱病でふさぎ込んでいる」という噂を耳にして、気になったものの、連載エッセイの年末進行や書き下ろしの小説の執筆で忙しく、彼に連絡できなかった。「また学食へカツカレーを食べに行かないか」と誘ったら、少しは気晴らしになったろうし、彼の悩みを聞いてやれたかも知れない。

それが今でも悔いとして残る。

二〇一九年、久しぶりに立教の学園祭に出かけた。チャペルコンサートで聖歌隊の讃美歌やパイプオルガンを聴いたり、大教室でジャズのフルバンド演奏を聞いたり、楽しい時間を過ごした。小腹がすいたので学食に入り、カツカレーを食べた。とたんに三木助のことを思い出した。あいつと一緒に学園祭を楽しみたかった。ＯＢの人気落語家と演芸評論家が連れ立って、落語研究会が口演をしている教室を覗いたら、さぞかし部員たちが驚くだろう。

そう思わないかい、三木さん。

志ん駒の傑作寿司ダジャレ

ダジャレ。漢字で書くと駄洒落。下らないシャレのことを言う。下らなければ下らないほど可笑しいのがダジャレである。世間で勘違いされているのは、シャレを語呂合わせと思われていることだ。同じ語呂は同音異義語であってシャレではない。古今亭志ん駒師匠は「ヨイショの神様」と言われるくらいヨイショ、つまり贔屓客を持ち上げるのが巧かったが、ダジャレも上手かった。

寿司屋で、トロとイカを頼んで「走れトロイカ」とか、シャコを頼むのに「ガレージ（車庫）握って」などと言う奴がいるが、前述したようにこれらはシャレでなく語呂合わせなので面白くない。

志ん駒師匠と一緒に寿司屋へ行った時のことだ。タコと甘海老の握りを前に、なんともいい間で、「タコ、甘海老ばかりでごめんね」と歌った。青山和子の往年のヒット曲、「愛と死をみつめて」の歌詞、「マコ、甘えてばかりでごめんね」のダジャレである。大笑いした。

寿司屋を出ると師匠は、「ご馳走になったお礼に、あたしの行きつけの店にご案内しましょう」と、中野駅に近いスナックに行った。店名は〈スカーレット〉。「ここの突き出しはいつもオカラなんです」

席に着いたとたんにそう言う。

「スカーレット・オカラと言いまして」

「風と共に去りぬ」の主演女優、スカーレット・オハラのダジャレだった。それからカラオケで、「三百六十五歩のマーチ」の替え歌を歌った。

♪ご祝儀は歩いて来ない。だからお旦を探すのよ。一日一万、三日で三万〜

ちなみにお旦というのは、旦那（スポンサー）の旦に「お」を付けた業界用語である。

その当時、私は新国劇の名優、島田正吾の一代記を執筆中だった。それを知った志ん駒師匠は、島田の名演で知られる「瞼の母」の演歌を歌ってくれた。この歌は台詞入りで、最後に「おっかさーん」と叫んで終わる。そこで師匠は、「らっかさーん」と叫んでから敬礼し、「第一空挺部隊、降下終了いたしました」と言った。海上自衛隊を出てから落語家になった師匠の敬礼は形が良く、様になっていた。それにしても「らっかさーん」は笑う。寿司のダジャレに始まって、「瞼の母」で終わる楽しい夜であった。

寿司といえば、私を食通と思い込んでいる編集者にこんな質問をされたことがある。

「握り寿司を食べる正しい順序というのはあるんでしょうか」

こういう場合、作家はそれなりの答えを求められるのでこう答えた。

「まず最初はアナゴかな。次がイカ、海老ときて大トロ。そこでカッパ巻き、またはかんぴょう巻きですかね」

「ほー。その順序はどういう理由なんでしょう」

「理由はありません。単なるアイウエオ順ですから」

ここで相手は私が冗談を言ったと気付いて笑うのだが、私は「寿司を食べる順序など決まっていない」と言いたかった。

同じ質問を寿司職人にぶつけてごらんなさい。たいていは、「食べたい物から注文すればいいんです」と答えるはずだ。

参考のために私が行きつけの寿司屋で食べる握りのパターンを記しておく。

最初は味が淡白な白身魚、ヒラメ、カレイ、鯛などの中から二種類を選んで一貫ずつ握ってもらう。

次がコハダ。季節によっては稚魚のシンコが美味い。次が赤貝、ホタテなどの貝類で、ハマグリがある季節だと煮ハマが欠かせない。

次にマグロ。私はトロより赤身が好きなので、「づけ」と呼ばれるダシと薄口醤油に漬け込んだ赤身を握ってもらう。お腹が空いていると二貫食べる。

ここで穴子だ。白焼きと煮穴子を一貫ずつ、同じネタで違った味が楽しめる。続いてイカ。日によってスミイカ、ヤリイカなど種類が違うが、イカの上に少量のウニを乗せるのが定番だ。次が煮タコで、小豆と一緒に煮たので柔らかく、嚙み切れない生ダコより年寄り向きだ。

握りはこれにて終了。締めの巻き物は赤身の鉄火巻きとかんぴょう巻き。そして、デザート代わりの玉子焼き。以上、私がお勧めの寿司コースである。

最後に言っておきたいのは、「握りは手でつまんで食べるもの」ということ。箸を使うのは野暮だ。

川柳が好きなバカ安餃子

川柳川柳という落語家をご存知か。「かわやなぎせんりゅう」と読む。二〇一九年に体調を崩して寄席にも出なくなり、療養していたが、二〇二一年十一月十七日、九十歳で亡くなった。

得意ネタは『ガーコン』。正式には『歌は世につれ』という新作落語で、五十年近く演じ続けてきた年代物のネタである。噺の中で軍歌を歌いまくる。それも見事な美声で朗々と歌う。敗戦をきっかけに軍歌が禁止されて、ジャズが入ってきて、それに夢中になる若者が増えたと、こんどはジャズを奏でる。トランペット、サックス、ベース、ドラムなどの音をすべて自分の声で奏でるのだ。これが見事なもので、どこで演じても拍手喝采を浴びる。ジャズ狂いの息子に仕送りする農家の父親が登場し、脱穀機を使う格好を見せる。その音が「ガーコン、ガーコン」と鳴るので、「ガーコン」という演題が通称になった。

普段の川柳師匠は読書好きのインテリで、もの静かな老人なのだが、ひとたび酒に酔うと始末におえなくなる。所かまわず軍歌やジャズを歌い、口でラッパの音を出して延々とジャズを奏でる。それがうるさくて皆が辟易する。私は酔った師匠をタクシーで自宅まで送ったことがあるが、車内でもラッパをやめずに運転手さんを困らせたものだ。

川柳師匠の好物は餃子であった。池袋駅西口にある池袋演芸場は、今でこそきれいになったが、改築前は老朽化したビルの三階にあり、客が入らないことで有名な寄席だった。師匠の自宅は雑司ヶ谷で池袋に近いので、当時からよくそこに出ていた。そして、打ち上げで飲みに行くのが近くの〈餃子楼〉という安い中華屋だ。私も何度か参加したことがあり、そこで師匠の酔態を目撃している。店名の通り、餃子が売り物で安い。ただ、店内は汚かった。当時は靴を脱いで座敷に上がったが、畳と床が脂っぽくて、白いソックスを履いていると、帰る時には底が真っ黒になっていた。

師匠はそんな店が大好きで、毎度餃子をつまみに焼酎のロッ

ウクレレで弾き語りの川柳

クを飲み、べろべろに酔っ払い、口でラッパを吹いた。ある時、打ち上げに参加していた立川左談次が、「いつまでもうるせえんだよ、この爺が」と師匠を咎めた。師匠は左談次よりずっと先輩で、二十も年上である。本来なら許されない暴言であるが、酔った左談次は容赦ない。なおもラッパを止めないので、師匠の眼鏡を取り上げ、それをチンジャオロースの皿の中に入れてしまった。同席していた春風亭勢朝が左談次に言った。

「それをやってはいけません。チンジャオロースが食べられなくなるじゃありませんか!」

皆が「そっちかよ」と笑った。川柳師匠は、「おい、おい、それはシャレにならない」と眼鏡をおしぼりで吹いたが、油まみれのレンズがきれいになるわけがない。そんな仕打ちをされても、「いいんだよ。左談次は俺のことが好きなんだから」と許した。すると左談次は、「おめえのことなんか好きじゃねえよ」と毒づいた。酔っ払い同士の会話は実に面白い。

左談次は口とは裏腹に、本当は川柳師匠を敬愛しており、いつも餃子を二人前土産に持たせる優しさがあった。これを師匠はことのほか喜んだ。

「餃子を持って帰ると、かみさんが優しく出迎えてくれるんだ」

ということは、手ぶらで帰ると冷たく迎えられるのだろうなと誰もが想像した。

川柳師匠はある時期、キリスト教に興味を抱き、新約聖書を愛読していた。讃美歌の美しい旋律に魅せられたのがきっかけとか。いかにも歌好きの師匠らしい。一度高座で讃美歌を歌ったのを聴いたが、美声なのでけっこうなものであった。

これも〈餃子楼〉での打ち上げの席であったことだ。皆で年配の師匠の死にざまを予想するというシャレのきつい遊びが始まった。落語家はよくこういう遊びをする。川柳師匠の死にざまはいかに、という段になり、皆が予想を述べた。

「やっぱり酔っぱらって頓死でしょう」

「場所は〈餃子楼〉の裏の空き地だ」

「クリスマスの夜、教会の帰り道、焼酎の空き瓶を抱えて凍死してる」

「右手にお土産の餃子を持ってね」

「侘しい死に方で師匠らしいなあ」

後輩たちが大先輩を肴にして、好き勝手なことを言っている傍で、酔った師匠は「よせよお」と笑っていた。ある意味、大人物なのである。

そんな思い出があるので、今でも安い餃子を食べるたびに師匠のことが話題になる。高級な中華料理店で食べる時は思い出さないから不思議だ。

前田隣と食べたオムライス

私が子供の頃、母がよくオムライスを作ってくれた。余った冷やご飯を炒めて食べるのは、どの家でもやっていることだろう。我が家ではチャーハンよりオムライスだった。ご飯をケチャップで炒める。混ぜる具材はハムと玉ねぎ、グリーンピース。炒めたのを包むのはあくまでも薄くて甘くない玉子焼き。その上からさらにケチャップをかける。

成人してからは洋食屋でオムライスを食べるようになったが、当然ながら母のとは違う。ご飯がケチャップ味でもチキンライスが多いし、マッシュルームやピーマンが入っていたりする。なのにグリーンピースが入っていない。プロが作るのだから美味しいのだけれど、私は母のオムライスのほうが好きだ。

母のと同じオムライスに出会ったのは浅草だった。東洋館という演芸場に出ていた前田隣さんと会った時のことだ。

前田隣と言ってわからなくとも、元ナンセンストリオと言えば、「ああ」と思い出す方も多いだろう。昭和四十年代のトリオブームの時に、てんぷくトリオ、トリオスカイライン、トリオ・ザ・パンチなどと共に売れたナンセンストリオのメンバーである。トリオ解散後はピン芸人として毒のある漫談を演じていた。芸名の前田隣は、「マイ・ダーリン」のもじりである。戦後間もない芸能界には、この手の芸名が多く見られる。谷啓はダニー・ケイ、益田喜頓はバスター・キートンのもじりだ。芸人仲間は前田さんを「ダーリン」と呼んでいた。

浅草東洋館によく出ていたので、私と会う時は、向かいにある喫茶店〈ブロンディ〉に入った。浅草演芸ホールにも近く、以前から芸人さんと話すのによく使っている店だ。いつも紅茶かジュースを頼むくらいで、食事をしたことがなかった。その時はたまたま二人とも小腹がすいていたのでオムライスを頼んだ。ひと口食べて「おふくろのと似ている」と感じた。前田さんに言ったら、「わかるよ。家庭で作るオムライスだもんね。厨房を覗いてごらん。おばちゃんが作ってるから」と教えてくれた。奥を覗いたら、本当におばちゃんが料理をしていた。

洋食屋でなく、馴染みの喫茶店でおふくろの味に出会えるとは夢にも思わなかった。もっと早くから分かっていたら、来るたびに食べたのにと思った。値上がりが続く近年は行っていないので、現在の値段は分からないが、十五、六年前は八百円だった。適正価格である。

いつ頃からか、バカ高いオムライスが横行し始めた。ある有名洋食屋のメニューに一八〇〇円とあったのを見て腹が立った。たとえケチャップの代わりにビーフシチューか海老入りホワイトシチューを掛けたとしても、オムライスで千円以上取ってはいけない。卵を四個も五個も使いやがって、何がフワフワトロトロの玉子焼きだ。玉子焼きは固めの薄焼きで、上にかけるのはケチャップなのがオムライスなのだ。

母は分不相応な贅沢をすると、必ず「後生がよくない」と言った。消費税を入れると二千円もするオムライスを食べたら、それこそ後生がよくない。最近よく行っているオムライス専門店〈神田たまごけん〉は九百九十円と良心的だ。

前田さんの奥さんは、三十も年下のピアノ教師である。一九九九年に前田さんが肝臓がんを告知されて以来、精神的、経済的に支えた気丈な女性だ。前田さんは、「かみさんが作ったオムライスが美味いのよ」とのろけた。事実なのは、前田さんに可愛がられた、立川左平次（左談次の弟子）の証言がある。前田さん宅へ遊びに行った左平次は、オムライスをご馳走になったという。それが大変美味しかったと。出来上がったオムライスに、前田さんがケチャップで「バカ」という文字を書いて出すのだとか。ただかけるのでなく、「バカ」と書いて受けさせるのが芸人魂なのである。

二〇〇九年二月十九日、前田さんはあの世に旅立った。享年七十二。愛妻に看取られ、本望であったろう。

白山雅一と神宮球場でホットドック

歌謡声帯模写というジャンルがある。平たく言えば歌手の物真似だ。私が親しくしていた白山雅一さんは戦後間もなく、「歌謡声帯模写」と銘打ったこのジャンルの草分け的存在である。持ちネタは灰田勝彦、東海林太郎、藤山一郎、ディックミネ、田端義夫、小畑実、淡谷のり子など当時の流行歌手で、その歌真似は当時としては斬新であり、喝さいを浴びた。現在のようなカラオケがない時代だから、歌手と同じようにフルバンドの伴奏か、小さな会場ではアコーディオンだけの伴奏で演じたという。

それから時代を経て、平成の世になり、歌真似する歌手が故人になってもネタを変えなかった。その頑なさゆえに、後輩の芸人たちから敬愛されたのである。

白山さんの若い頃、すなわち昭和三十年代には芸能人の野球大会があり、演芸人チームのエースピッチャーとして活躍した。けして根拠のない自慢話でなく、当時のスポーツ新聞にピッチングの写真入りで報じられたのを見せてもらったから間違いない。

私が親しくしていたのは七十代の後半から八十代にかけてからだが、野球ファンなのは変わらなかったので、よく神宮球場に誘った。私は昔からスワローズの大ファンである。白山さんはその誘いを断ったことがない。いつも喜んで付き合ってくれた。野球も好きだが、私のことが好きだったからだ。

野球観戦に最も合う食べ物はホットドックである。MLB、すなわちメジャーリーグ・ベースボールのファンである私は、二度アメリカへ観戦旅行に行っている。一度目はシアトル、ミネアポリス、ミルウォーキー、カンサスシティ、シカゴというマニアックなコースで、二度目はダラス、ボストン、ニューヨークの三都市で観戦した。どこのボールパーク（球場）でもホットドッグを食べたが、最も印象に残ったのはダラスのテキサス・レンジャーズの本拠地で食べた十ドルのテキサス・ドッグである。そのボリュームに驚かされた。とにかくでかい。アメリカ人が大食なのは知っているが、一人で食べきれる物ではない。私は同行した息子と分け合って食べても満腹だった。

神宮球場には美味しいドッグが売っていなかった。そこで私は白山さんと行く際は、モスバーガーでドッグを二つ買って行った。モスのドッグは冷めてもそこそこ美味しいが、まだ温かいうち試合開始前に食べたものだ。

八十代の老人がホットドックを好むかとおっしゃる方もいるだろうが、白山さんはファストフード店のハンバーガーを好むくらいなので、ドッグも食べていた。

私はドッグにケチャップとマスタードをたっぷり入れて食べるのに、白山さんはケチャップだけで、マスタードは入れない。辛い物は喉に悪いと信じ込んでいた節があり、唐辛子やラー油も使わなかったし、辛い料理をけして食べなかった。こういうところがいかにも昔の芸人らしくて好きだった。

「吉川君。これは戦後間もない頃の話だけどね。アメリカの進駐軍がホットドックという物を食べると聞いた時、僕は犬の肉を使ったソーセージを使うのでホットドックなのかと思ったんだよ。戦後の食糧不足の頃は、犬の肉も食べていたからね」

真顔で言ったので、信じそうになったが、すぐ「そんわけないか」と言ったので、冗談だとわかった。白山さんはお茶目な老人だった。

白山雅一宣材写真

スワローズファンはラッキーセブンの時と得点した時には、ビニール傘を振り回しながら「東京音頭」を合唱する。ある時、歌が始まると、白山さんも歌い出した。地声ではない。誰かの歌真似をしているのだ。

「これ、三島一声ね」

そう言われて、「東京音頭」が初めてレコーディングされた際の歌い手だとわかった。三島一声を覚えている世代の方は少ない。私とて、「東京音頭」を作詞した西條八十の評伝を書いたから知っていた。その歌真似を神宮球場で、スワローズファンの合唱に合わせて歌うのが芸人の諧謔精神で、私を受けさせたくてやったのがわかるので大いに受けたものだ。

白山さんが八十歳になった年、私が傘寿記念リサイタルのプロデュースを買って出て、その会は大盛況だった。終演後、会場のロビーに現れた白山さんを、同世代のファンが囲んで祝福した。その光景を見ていた春風亭勢朝が、「黒山の人だかりならぬ、白山の人だかりですね」とうまいことを言ったのを覚えている。

次は八十八歳の年に、「米寿を祝う会」を開く約束をしていたが、二〇一一年九月八十七歳で亡くなってしまった。今でも私は神宮球場通いを続けている。そう言えば、白山さんが亡くなってから、ホットドックを買って行かなくなった。二人で食べたから美味しかったのかも知れない。

球場に響く「東京音頭」を聴くたびに、三島一声の歌真似で歌った白山さんを思い出す。

酒好きの正楽とトンカツを食す

林家正楽。寄席ファンなら知らない者はいない紙切りの名人である。お客様の注文を受けて、形がある物ならなんでも切る。人物、動物、植物、風物詩などなど、どんな難しい注文が出ても表情を変えず淡々と切る。その早業、出来上がりの見事さは、まさに名人芸であった。

その正楽は、二〇二四年一月に急死してしまった。亡くなる前々日まで仕事をしていたというから、芸人としては本望だろうとの考え方もあるが、親しくしていた私のみならず、芸人仲間やファンは、早すぎる死を惜しんだ。

私が二十年間、毎年プロデュースしていた末広亭での特別公演では、毎回夜の部のヒザ代わり（トリの前に出る色物）を務めてくれた。夜の部に限ったというのは、打ち上げに参加するためで、自他共に認める酒好きなのだ。

初めて会ったのは、演芸評論家になって間もない頃だから、もう四十五年以上も前になる。当時は林家一楽で、一九八八年に小正楽、二〇〇〇年に三代目正楽を襲名するスポーツ新聞のインタビューで、その頃、私は音曲師、柳家小菊と結婚したばかり。紙切りと音曲、共に寄席の色物なので、妻の同僚ということになる。

「おいら、小菊ちゃんのこと好きだったんだよ。誰が取っちゃったのかと思ったら、あなただったの」

そう言われたのを思い出す。同じ年の生まれということもあり、互いに親しみを覚えた。インタビューを終えたのが夕飯時だったので、鈴本演芸場近くのトンカツ屋に誘った。上野広小路には有名なトンカツ屋が数多くある。

私はヒレカツ定食、正楽はロースカツとビールを頼んだ。彼はカツとキャベツを肴にビールを飲み出した。私がカツとご飯、味噌汁を食べ終えても、正楽はビールのお替りを頼んで飲み続けた。

酒好きと知っていたら、居酒屋にでも入ったろうに、食事処に入ったのが間違いだった。以来、落語家と飲食店に入る場合、時間にかかわらず酒が飲める店にした。

酒飲みと下戸では、食べるペースが違う。たとえば寿司屋では、酒飲みはまず刺身を肴に飲み始める。下戸はいきなり握りを食べる。腹いっぱい食べ終えた頃、酒飲みはようやく握りを注文する。

蕎麦屋だと、だし巻き玉子とか板わさを頼んでも、酒飲みは時間をかけて食べるが、下戸は物の数分で食べ終えてしまう。その後すぐに蕎麦を頼みたいのに、酒飲みはまだ飲み続けている。

カウンターの前で揚げてくれる天ぷら屋はさらにいけない。揚げたてをすぐに食べないと、せっかくの天ぷらが冷めてしまうのに、酒飲みはなかなか食べないのだ。職人さんに対して礼を失する。

正楽は根っからの酒飲みなので、落語会の打ち上げ会場の居酒屋で同席することが多かった。ニコニコしながら嬉しそうに飲む様子は、本当に酒が好きなんだと思わせた。

さて、トンカツの話であるが、専門店のトンカツもいいけれど、洋食屋のカツは別の美味しさがある。

子供時分、町内の洋食屋が出前をしてくれた。一番の好物がカツライスで、カツとキャベツが乗った皿とライスの皿、紙ナプキンに包まれたナイフとフォークがウースターソースの小瓶と共に運ばれると、ワクワクしたものだ。そのことで、茶碗か丼に盛られたのを箸で食べるのが「ご飯」、皿に盛られたのをフォークで食べるのが「ライス」と認識した。

小学六年生の年、父親に初めて連れて行かれた洋食屋が銀座の老舗〈煉瓦亭〉で、カツライスを食べた。当たり前だが、出前のよりずっと美味しかった。テーブルに置いてあるウースターソースをたっぷりかけた。以来〈煉瓦亭〉には60年以上通っているが、味がまったく変わっていない。値段は驚くほど上がったけれど、銀座だからしかたない。

トンカツ専門店では、近年巣鴨にある〈とん平〉と、新宿三丁目の〈ジーエス〉という店に行っている。〈とん平〉は敬愛する野末陳平先生に連れて行ってもらった。二〇二四年現在九十二歳でご健在の先生は、美味しい店をよく知っている。この店の上ロースカツは絶品である。ヒレカツとエビフライの盛り合わせも捨てがたい。

〈ジーエス〉は私が見つけた。ここはトンカツだけでなく、メンチカツも美味しい。嬉しいのは、トンカツソースとウスターソースが置いてあって、二種類の味を楽しめることだ。もちろん、どちらの店も酒飲みとは行かずに、下戸の友人と行く。

第四章 芸人達との美味〜い記憶

市馬と打ち立ての蕎麦を食す

柳亭市馬とは柳家小幸といった前座時代からの付き合いだ。キビキビと働く、好感度が高い前座さんだった。師匠小さんの覚えもめでたいと聞いた。さん好と改名した二つ目時代には、落語の上手さと、若いのに身に備わった風格があり、私は心密かに、「こういう人が将来小さんを継ぐのだろうな」と思っていた。

年号が平成に変わった年の夏だから一九八九年のことだ。親友の映画評論家、島敏光から「『時そば』の上手な若手を紹介して」と頼まれた。「美味い蕎麦屋を教えて」と聞かれたことはあるけれど、『時そば』が上手い落語家を聞かれたのは初めてだ。

その訳というのは、島君の友人で湘南の葉山町で料理屋を経営している人が自宅に出張蕎麦打ちの職人を呼び、招待客に打ち立ての蕎麦を振る舞う宴会を開く。そこで余興に、落語家を呼んで『時そば』を演じてもらおうという趣向なのだ。出張蕎麦打ちの職人がいることは知っていたが、自宅に来てもらう金持ちがいるとは思わなかった。私だって金がふんだんにあったら、気の合った友達連中を自宅に招き、蕎麦を振る舞う宴を催してみたい。

『時そば』の上手い落語家と言われて、迷うことなく当時のさん好を推薦した。彼の『時そば』は小さん譲りの本寸法で、師匠の間合いそのままに演じる。それも当然で、後年彼をインタビューした際に聞いた話によると、小さんが『時そば』を演じるのを舞台袖で聞いていて、蕎麦をすする回数を数え、そっくりそのまま演じたという。師匠を尊敬する弟子は、そんなところまで真似るのだと感心した覚えがある。

さん好を推薦すると、「よかったら吉川さんもその落語家さんと一緒に来てよ」と島君が言ってくれたので、喜んで同行した。

当日、さん好と共に横須賀線で逗子まで行き、タクシーで葉山へ向かった。島君の友人宅の広間には三十人近くいただろうか。そこへ出張蕎麦打ちの職人さんがアシスタントを伴いやってきて、蕎麦を打ち始めた。蕎麦粉の産地とか、水はカナダの天然水が最も合う、などといったウンチクが面白い。

三十人が三枚ずつ食べると予測して、九十人前の蕎麦を打ってもらうとのことだった。時間がかるので、その間に『時そば』を聴く段取りである。さん好の『時そば』はよく受けた。演じ終えると、お客たちが口々に、「この落語を聴くと、たまらなく蕎麦が食べたくなりますね」と言った。ホストの狙いはこれと分かった。

打ち立て、茹で立ての蕎麦を冷水で洗い、水を切ってから全員に供された。『時そば』を聴いて蕎麦が食べたくなり、お昼を過ぎて腹も減ってきた。そこに打ち立ての蕎麦が運ばれてきたからたまらない。瞬く間に二枚平らげた。ワサビでなく、「ねずみ大根を下したのを入れてお召し上がりください」という職人さんの勧めに従うと、確かに辛味が強い大根おろしがその蕎麦にはよく合った。当然のことながら三枚目も頂いた。あの時食べた蕎麦は、私の人生で食べた蕎麦のベスト3に入る見事な逸品であった。

それから三十年近くたって、私自身が蕎麦打ちを体験することになった。「爺の手習い」という本を島君と共著で出すのに、それぞれが習い事をいくつかすることになった。私は迷わず蕎麦打ちを入れた。製粉会社が主宰する蕎麦打ち体験教室に申し込み、ワクワクしながら出かけた。ところが、想像以上に難しく、講師の職人さんの懇切丁寧な指導にもかかわらず、出来損ないの蕎麦になってしまった。特に蕎麦を包丁で切るのが難しい。一ミリ均等に切るなんて芸当は素人ができるものではない。太いのと細いのが入り混じり、見るからに下手くそだ。蕎麦とうどんときしめんが混ざった代物を想像すればいい。それを三人前、家に持ち帰るのが、帰宅途中で捨てたくなった。思いとどまり、帰宅後早速茹でてみた。冷水で冷やし、ひと口食べて吐き出した。こんな不味い蕎麦は食べたことがない。

そこで思い出したのが『時そば』の中のフレーズだ。不味い蕎麦を食べた男が、「これ、うどんじゃねえのか」と言い、「べとべとしてるよ」と嘆くのだ。まさに私が打った蕎麦がそれだった。残りの出来損ないを廃棄した。救いは講師の職人さんが打った蕎麦を2人前お土産に頂いたことである。それを茹でて、口直しに食べたら美味しいこと。ようやく満足した。

蕎麦打ち体験を落語に置き換えると、しょっちゅう落語を聴いているファンが、1日だけ落語家に入門して落語の稽古をしてもらったようなものであろう。聴くと演じるとは大違い。それと同じことで、蕎麦を食べるのと打つのとは大違いなのだ。

体験教室で一緒になった方の中には、本格的に習うため、五回のコースや十回のコースに申し込んだ人もいたようだが、私は一回で懲りた。五回、十回通っても上達する見込みがないと思ったからだ。

この話を市馬にしたら、「先生が失敗しましたか」と笑い、「餅は餅屋と言いますが、蕎麦も本職が打った物に限りますね」と言った。おっしゃる通りである。

それにしても、若い頃に『時そば』を演じて一緒に蕎麦を食べたさん好が、真打になって柳亭市馬を襲名し、落語協会の会長になるとは夢にも思わなかった（二〇二四年六月に退任し顧問に就任）。贔屓の芸人の出世は何よりも嬉しい。

温泉旅館の夕飯に勢朝が出した焼き海苔

春風亭勢朝は私が一代記を書いた春風亭柳朝の四番弟子で、師匠の没後は兄弟子、春風亭小朝の一門に属している。楽屋話が巧みで、人を飽きさせない。こういう落語家と一緒に飲食を共にするのは実に楽しいことで、私は彼と三十年以上にわたり、定期的に食事をしている。

私と同じ練馬区の住人で家が近いこともあり、美味しい店の情報を交換し合う。彼の場合、たまたま入った店が不味かったという話が面白い。成功談より失敗談のほうが受けるということなのだろう。

「あるラーメン屋に入りましたら、「当店では化学調味料を一切使用しておりません」という張り紙が目に入ったんです。これは店主がスープの味にこだわりを持ってるなと期待しました。ところが、出てきたラーメンのスープが不味いこと。頼むから化学調味料を使ってくれと言いたくなりました」

大いに笑ったところでもうひと押し。

「店内に浄水器が置いてあって、「当店では美味しい水をお出ししてます」という貼り紙もありました。『美味しい水より美味しいラーメンを出せ』ですよね」

続いて、居酒屋のラーメンの話。

「近所の居酒屋がランチを始めて、カレーラーメンが売り物というんで食べに行ったんです。まかないで作ったラーメンが美味しかったから客にも出すようになったという話はよく聞きますから、それかなと思いましてね。それが、上にかかってるカレーが不味い。その下のラーメンが輪をかけて不味い。つまりカレーでラーメンを封じ込めているわけです。よく「美味さを封じ込める」というフレーズを聞きますけど、不味さを封じ込めた物は初めてでした」

この男、人を笑わせるために、わざと不味い物を見つけているのではとさえ思った。

勢朝はとにかく気が利く。気遣いが半端でない。これは私と左談次、談之助、勢朝の四人で伊東温泉に行った時の話である。旅館の夕飯に刺身の船盛りが出た。鯛の活き造り、アジ、カンパチ、アワビ、イカ、ウニなど、皆で舌鼓を打って食べていたが、私が「活き造りの鯛はちょっと身が固いね」と言ったのを勢朝は聞き逃さなかった。自分の分の小鍋の中身を皿に空けるとお湯を入れ、鍋用の固形燃料に火をつけた。

「鯛しゃぶにしましょう」

そう言って、仲居さんにポン酢を頼んだ。鍋の湯に鯛の切り身をくぐらせてポン酢で食べたら、身が柔らかくなって甘みが増し、美味しいことといったらない。

「勢朝は気が利くねえ」

口うるさい左談次が褒めた。

最後に船盛りのウニだけが残った。そこで私が、「これを海苔で手巻きにすると美味いんだけどね」と言ったら、すかさず勢朝が、「そんなこともあろうかと」と、バッグの中から焼き海苔の袋を出した。寿司屋で使う手巻き用だ。

「なんでそんな物を持ってきたの」

私が不思議がると、こう答えた。

「実は明日の朝食の時に出そうと思って、うちで食べているのを持ってきたんです。旅館で出す海苔はせこくて不味いから」

寿司屋で使う焼き海苔でご飯とウニを巻いて食べたら、想像通り美味しかった。勢朝の株がまた上がった。

勢朝を伴って某ステーキ店に出かけた。ランチ限定のハンバーグ定食がお目当てである。

ステーキに使うようないい肉を使っているので、並みのハンバーグではない。なのに値段は良心的なのが嬉しい。焼き加減が絶妙で、勢朝も一度食べて感動し、また連れてってくれと言われたのだ。

毎回満足して帰るのだが、その日に限って生焼けのが出て来た。レアの肉が好きな人ならともかく、私と勢朝はよく焼いてあって、香ばしいのが好みだ。ひと口食べただけで食欲が失せた。勢朝がご馳走になる身とあって無理に食べるといけないから、「残しな」と言った。勢朝も、「どうしちゃったんでしょうね」と訝っている。

オーナーシェフに、「生焼けなんで残します」と正直に言ったら、「申し訳ございません。作り直します」と言うのを断った。一度失せた食欲はすぐに戻るものではない。お勘定を頼んだら、「今日は頂けません」と言うから、恐縮しつつ店を出た。

「原因はなんだと思う?」

勢朝に尋ねた。

「心配ごとがあって料理への集中力がなかったとか、体調がよくなかったとか、色々考えられますね」

「あんな名シェフでもああいうことがあるんだなあ」

「でも勉強になりました。いつもと同じように調理したつもりでも、出来がよくないことがある。それは芸人にも通じることです。得意なネタを同じように演じたのに、まるで受けないことがあるんです。体調や精神状態によって、ちょっと間がずれたり、台詞のリズムが悪かったりするからです。いつも美味しいハンバーグを焼いてくれるシェフがあんな生焼けを出すことがあるんですから、芸人も気を抜いちゃいけないってことで、良い教訓になりました」

何かハプニングがあると、必ず笑いの種にする勢朝が真顔で言った。料理と落語、思わぬ共通点を発見し、私も勉強になった。

竹丸にご馳走になった北海道の珍味

昭和の最後の年、私が世話役を買って出た新作落語の会、〈らくご倶楽部１０９〉は、若手の新作派が毎回ネタ下ろしを演じる趣旨で始めた。会場が渋谷の１０９内のライブスポットだったことから、この名称になった。メンバーは三遊亭歌之介、春風亭勢朝、桂竹丸、春風亭昇太である。

あれから三十年以上経つと、それぞれが出世して立場が変わった。歌之介は四代目三遊亭円歌を襲名し、昇太は落語芸術協会の会長に就任、竹丸は同協会の理事になった。勢朝は寄席で重宝され、自由奔放に活動している。

四人は昔の恩義（というほどたいしたことをしていないのに）を忘れず、文学賞を受賞したり還暦を迎えるなど、おめでたがあると必ず四人でお祝いしてくれる。還暦祝いは私の希望で大阪へ遊びに出かけた。お供は勢朝と竹丸。歌之介と昇太からは割り前を取ったという。

大阪に着いた夜は、可朝師匠と行ったふぐ料理専門店でてっちりを食べ、翌日は松竹座で私が大好きな藤山直美と前川清が演じる喜劇と歌謡ショー（これが目的だった）を観て、〈やまもと〉でねぎ焼きを食べ、お土産に〈551蓬莱〉の豚まんを買って帰京した。実に楽しい旅であった。

古希のお祝いは札幌旅行への招待だった。この時もお供は勢朝・竹丸で、歌之介と昇太はまたもや割り前を徴収されたらしい。竹丸は札幌のラジオ局でレギュラー番組を持っていた時期があり、市内の飲食店にくわしい。案内されたのは海鮮料理の店で、ホタテ、北寄貝などの貝類が美味しい上に、初めて焼きダコを食べた。「タコ焼きじゃありません。焼きダコです」と竹丸が言う通り、新鮮な生ダコを七輪の炭火で焼いてポン酢で食べる。目の前の七輪で自分で焼くのが楽しい。当然ながら美味であった。

さらに、店が「鮭子（けいじ）」を出してくれた。上客の竹丸へのサービスであったに違いない。めったに獲れない特別な鮭で、脂がのっていてこれまた美味しかった。竹丸が、「これは本物の鮭子で、偽ケイジじゃありません」と洒落ると、すかさず勢朝が突っ込んだ。

「竹ちゃん。うまいっ。ケイジ（刑事）だけに張り込んだね」

思わず「うまいっ」と褒めた。料理も美味いがシャレも上手い。

翌日はカニ料理の専門店で、カニのフルコースを食べた。毛ガニを焼いたり、タラバガニの足をしゃぶしゃぶで食い、さらにカニグラタンなど、カニを食べつくした。大阪でも札幌でも、一人で行ったらそんなに美味しく感じただろうかと思った。料理は「何を食べるか」でなく「誰と食べるか」で、相手によって美味く感じる度合いが変わってくるものだ。

竹丸とは鹿児島へも同行した。鹿児島は歌之介の故郷で、ちょうど市内の落語会の仕事で帰省していた歌之介がご馳走すると言うので、黒豚のしゃぶしゃぶを食べに行った。歌之介の贔屓客だという店主が挨拶に現れこう言った。

「黒豚には等級がございまして、東京に出回っている黒豚はよくて三級です。うちは一級のをお出ししております」

店主がいなくなってすぐ私が言った。

「吹いたね。これで不味かったら承知しないよ」

歌之介はニヤニヤしている。果たして、一級の黒豚の味は？「参りました」であった。早い話が松坂牛のしゃぶしゃぶと同じくらい美味い。それと、牛肉だと出る灰汁が極めて少ないので食べやすい。店主が自慢するわけだ。翌日はとんかつ屋で黒豚のカツを食べて、大満足で帰京した次第である。

こうして書いていると、のべつ落語家にご馳走になっているみたいだが、それ以上に私がご馳走していることを書き加えておきたい。

牛肉を食べると志らくを思い出す

立川志らく。今最もテレビに出る回数が多い落語家と言っていい。昼のワイドショーのコメンテーターを始め、バラエティー番組やトーク番組にも出てるので、年間を通すと、数え切れない。

そんな売れっ子の志らくと牛肉がどう結びつくのか。一緒にステーキやすきやきを食べたわけではない。それは志らくの前座時代の話に基づく。ある時、談志師匠が志らくに、「吉川潮君にお歳暮を贈るとメモしとけ」と命じた。すると志らくは、メモに「吉川牛男」と書いた。覗き込んだ師匠があきれ顔で言った。

「牛男《うしおとこ》なんて名前の奴がいると思ってるのか！　皆に言いふらしてやるからな」

師匠はまず最初に、当事者の私に言いふらした。「うちの馬鹿な前座が、あなたの名前を牛男って書きやがってな」と。私は大笑いして、その前座の名前を聞いた。そして、後日志らくに会った時、「君か、俺の名前を牛男って書いたのは」と尋ねた。怒っていないとわかるように笑いながら言ったので、志らくも悪びれず「そうです」と答えた。

「潮という名前は、詩人で作詞家の西條八十先生が付けてくれたんだよ。それを牛男って書かれちゃ、先生に申し訳ない」

そう言った覚えがある。

そのことを志らくもよく覚えていたようで、後年私が、「流行歌・西條八十物語」という評伝を書いて、それが文庫化された折、志らくに解説文を依頼したら、解説の中でその逸話を披露していた。

そんなことがあったので、牛肉と志らくが結びつくのである。

牛肉は家庭でも外食でも贅沢な食材と言える。子供の頃、家でステーキを焼くことはなかった。すき焼きを食べた記憶もない。しゃぶしゃぶなんて食べ方は一般家庭には普及してなかった。家で食べるのは豚肉か鶏肉で、牛肉は贅沢品だったのだ。

所帯を持ってからも、家ですき焼きを食べることはめったになかった。特別な客が来訪した際に、奮発して高い牛肉を振る舞うことぐらいだった。

以前はよく編集者が、浅草の〈今半〉、〈ちんや〉といったすき焼きの名店に招待してくれた。お座敷で和服の仲居さんが作ってくれるすき焼きは、格別美味しかった。下戸の私は、ご飯と一緒に食べたい口なので、牛肉のお替りはいらない。締めのうどんもいらない。ただひたすら、ご飯と牛肉、ネギ、白菜、シラタキを溶き卵に付けて食べるのである。

〈今半〉では、ランチタイムに牛丼を食べたことがある。当然だが、チェーン店の牛丼店のそれとは比べ物にならない。もっとも、私はチェーン店が嫌いなので比べられないが。どうして嫌いかというと、チェーン店は貧乏くさいからだ。若い頃の貧乏は自分もした経験があるから許せる。しかし、貧乏くさいのは嫌だ。貧乏は笑えるが、貧乏くさいのは、ただただひたすら裏寂しい。

デパ地下で〈今半〉のすき焼き弁当を買って、家で食べるのもいい。冷めていても美味しいのが弁当である。

しゃぶしゃぶはすき焼き用の牛肉より安価な物ですむし、豚肉でもいいので、鍋の季節になるとよくやる。ポン酢とごまだれ、両方で食べるので飽きないし、野菜をたくさん食べられるのも良い。締めはうどんでなく、我が家ではラーメンにする。肉のダシが出たスープに塩を足して味を調えれば、けっこうな塩ラーメンになる。くたくたになった白菜を一緒に食べればいっそう美味しい。

ひと昔前、「しゃぶしゃぶ食べ放題」の店が増えたことがある。ブームというのは下火になるのが常だから、タピオカにしても、唐揚げ専門店にしても、乱立していたのが間もなく消えて行った。しゃぶしゃぶ食べ放題も同様だった。

そういえば、「ノーパンしゃぶしゃぶ」と称する店もあった。まだ大蔵省だった時代のキャリア官僚が、銀行員などから接待される店として世間を騒がせた。「ノーパン」と「しゃぶしゃぶ」の組み合わせがあまりに可笑しかったのでよく覚えてる。それにしても、ノーパンのウエイトレスに料理を運ばせて、何が面白いのかと思う。

演芸評論家になって、落語家の真打披露パーティーに出席する機会が増えた。テーブルに着席してフルコースの料理を頂くのと、ビュッフェスタイルで立食のケースがある。フルコースだと、たいていメインディッシュにステーキが出る。それがわかっているので、

志らくとのツーショット（らく次の真打披露パーティー会場にて）

私は小さな入れ物に入った醤油を持参する。テイクアウトの寿司やシューマイに付いているやつですな。

テーブルにステーキが運ばれて、ウエーターがドロッとしたステーキソースをかけようとするのを「僕はけっこう」と断り、皿とマスタードをもらい、醤油を皿に入れてマスタードを溶かしたのにステーキを付けて食べる。同じテーブルの出席者が、「それいいですね」と羨まし気な顔をするのが常だ。ステーキに辛子醤油はよく合う。ちなみに、ワサビ醤油でもいける。デミグラスソースみたいなのよりはずっと美味しい。

その席で、志らくの「牛男」の逸話を話すと、誰にでも受けるので、持ちネタの一つになっている。

それにしても、牛男とはねえ。

木久蔵ラーメンは本当に不味いのか

インスタントラーメンができるまで、家庭でラーメンを食べることはなかった。中華そば屋で食べるか、町内の中華屋から出前を取るかしかない。当時の関東のラーメンはあっさりした醤油味で、昔の人は「支那そば」と言った。近年、「支那」は中国の蔑称とされ、中国を蔑視する右寄りの文化人ぐらいしか使わないが、昔はたいていの大人が「支那」という言葉を使っていた。

さて、その支那そばだが、細麵で縮れてないストレート麺、具はチャーシューが一枚に支那ちく。最近はメンマと呼ばれるが、私にとっては支那ちくだ。さらに不可欠なのがナルト。これが入っていないと支那そばでない。

私は子供の頃から支那そばが大好物で、中華そば屋で食べるのが楽しみだった。当時の店名は〈五十番〉とか〈来々軒〉とか、いかにもそれらしい名前の店が多かった。確か、新宿御苑前にあった王貞治の実家が〈五十番〉という中華料理店のはずだ。

日清のチキンラーメンという熱湯を注ぐだけで出来上がる画期的なインスタント食品が出来て、家庭でラーメンを食べる習慣が定着した。大学受験の勉強中に、出前一丁、サッポロ一番、チャルメラなど、多種のインスタントラーメンを食べたが、私はチャルメラが好きだった。屋台のラーメン屋のおじさんがチャルメラを吹くイラストのパッケージも含めて。

いずれも乾麵だったが、そのうち生ラーメンが出て、現在その種類は数え切れないほどになる。

お待たせしました。ここでようやく木久蔵ラーメンの出番だ。林家木久扇師匠が木久蔵時代に、自分の芸名を付けて売り出した生ラーメンである。何度か製麵所を変えた結果、現在発売されている物になり、人気番組「笑点」の大喜利の中で、「不味い」だの「売れ残っている」だのとネタにされたことで広く知られるようになった。

木久扇師匠とは、『目黒の秋刀魚』の項で記したように、私が師匠の声色入り落語をほめたことと、芸人伝に書かせてもらったことで、親しくお付き合いするようになった。そして、木久蔵ラーメンの発売以来、毎年お歳暮に頂いていた。大喜利でネタにされるようになると、知人からよく「本当に不味いのですか?」と聞かれる。「そんなことないよ」と答え、親しい友人や編集者には、「食べてみればわかる」とお裾分けすると、必ず、「予想に反して美味しかったです」とお礼を言われるのだ。
結果的には上手い宣伝方法になったと思う。大喜利の中で「不味い」とネタにされれば、どんなに不味いのか食べてみたくなるのが人情だ。食べてみると「不味くないじゃない」、「美味しいよ」ということになる。

長年木久蔵ラーメンを食べている私が、生ラーメンのレシピを紹介しよう。まず、絶対守るべきなのが、麺を茹でる時間である。ストップウォッチを使って、パッケージに書いてある時間通りに茹でること。ラーメンとつけ麺では茹で時間が違うので、確認すべし。さらに、スープは必ず沸騰したお湯で作る。
麺とスープだけで食べる人はいないだろう。いたとしたら、よほどのラーメン好きか貧しい人だ。刻んだネギとチャーシューと支那ちくは入れて欲しい。ホウレンソウがあればなおよろしい。そして、こだわりのナルト。わざわざ買うのが面倒くさかったら、竹輪を一切れ入れると代用になる。こうして食べると、市販の生ラーメンが中華そば屋で食べるのと比べても遜色ないラーメンになるのだ。

2007年、木久扇師匠が木久蔵という芸名を当時きくおと名乗っていた息子に譲り、自分は「笑点」の中で新しい芸名を募集し、数千通の応募の中から選んだのが木久扇である。芸名を生前贈与された二代目木久蔵を私は贔屓にしている。私はそれまで二世落語家が好きでなかった。例外は古今亭志ん朝師匠と桂三木助で、現役では木久蔵だけである。随所に育ちの良さが表れ、皆に愛されるキャラクター。とにかく屈託がない。

その木久蔵が立川左談次に稽古をしてもらったことがある。左談次が得意にしていた『権兵衛狸』という噺の稽古を頼んだ。たいていは教わる師匠の自宅に伺うか、寄席の個室楽屋でするのが慣習だが、談志一門は寄席に出ていないし、左談次は同業者が家に来るのを嫌っていた。そこで、池袋のカラオケボックスでやることになった。近年、カラオケボックスが噺の稽古に使われるのは業界の常識である。

これは後日、左談次から聞いた話だが、木久蔵は稽古のお礼に木久蔵ラーメンが1ダース入った箱を持ってきたという。私が、「重かっただろ」と聞いたら、左談次は、「コンビニから宅配便で送りましたよ」と笑っていた。そのことを木久蔵と会った時に話した。「後日、君が宅配便で送ればよかったじゃない」と言ったら、「その手がありましたね」だと。

この屈託のなさ、いいでしょう？

らく次と初めて行った回転寿司チェーン店

これから述べるのは、最新の経験談である。

志ん駒の項で書いた通り、私は寿司に関してはうるさい方だ。行きつけの寿司屋が何軒かあり、いずれも握り手の親方が私の好みをよくわかっているから、安心して握ってもらえる。従って、回転寿司には一度も行ったことがない。行く必要もなければ、行きたいとも思わない。「お子さんを連れて行ったことはないのですか」と訊かれるが、子供は寿司屋に行くべきでないと思い込んでいたから、息子たちの子供時代には連れて行ったことがなかった。

その私が、生まれて初めて回転寿司に行くきっかけは、よく食事を共にする立川らく次に、「話の種に行ってみませんか」と誘われたからだ。

らく次は志らく門下の中堅真打で、芸質が良いので目をかけている。おまけに気が利くので、お供にはもってこいである。

「話の種に」と言われると、好奇心旺盛の物書きとしては、「一度行ってみようか」という気になった。そして、平日のランチタイムに、テレビのコマーシャルでよく見るチェーン店の池袋店へ出向いた。

十一時半に行ったら、待たずに入店できた。無人の受付カウンターで、らく次が何やら札を取った。テーブル番号が書いてあり、そこに陣取れということらしい。テーブルに座り、店員がお茶を運んでくるのを待っていたが、来る気配がない。らく次が、「お茶は自分で入れるんです」とテーブル上の、掘炬燵みたいになっているところにあるお茶の粉を湯呑に入れ、お湯の出る機械でお茶をこしらえてくれた。彼と一緒でなければ、店員を呼んで、「お茶ください」と頼んでいたところだ。

注文はタッチパネルでするという。これはファミレスで見たことがある。その時も操作してもらったので、らく次に握りの種類を注文した。すると、皿に乗ったマグロとイカの握りが2貫ずつ、ベルトコンベヤーで流れてきて、ぴたっと止まった。

「なるほど、こういう仕組か」と言いながら寿司をつまんだら、どうも違和感がある。シャリが固いし、種の味がおかしい。そこでらく次が気付いた。「ここのチェーンは全部わさびが付いてないんです」と。「じゃあ、どうするの？」と尋ねたら、「自分でわさびを付けるんです」と、ベルトコンベヤーで流れてきたわさびの小袋を取って袋から出してくれた。それを自分で好きなだけ付けるのだが、どうも釈然としない。らく次が、「子供と外国人はさび抜きを好むので、そうしているのでしょう」と言った。

寿司屋はいつから子供と外国人を優先するようになったのか。寿司は大人の食い物だろうがと、無性に腹が立った。いちいち握りの種をめくってわさびを付けるのも面倒だし、鉄火巻き（赤身でなく中オチだった）はわさびを醤油に溶かしたのを付けて食べるほかない。

寿司種の中にはいい物があったが、シャリが不味いので種とのバランスが悪く、どれも落第点だった。メニューにラーメンやうどんがあるのも気に食わない。ラーメンはラーメン屋で食え！

回転寿司はファミリー向け、外国人向けにできているのだと思い知り、早々に引き上げた。会計は先ほどの受付カウンターにある自動支払機で、札にあるバーコードをタッチしてから支払った。入店から出店まで、一人も店員に会わなかった。

回転寿司のチェーン店は、いい年をした大人が行く場所ではないとわかっただけでもいい経験だった。

美味しい物の話ばかりでは飽きると思い、給食の話と同様、不味い物の話を入れてみた次第。

女流落語家、桂あやめと朝食のホットケーキ

女性は落語家に向いていない。それが私の頑なな思い込みであった。東京の落語界に女流落語家が何人か出てきた時、見たくもなかったし認めなかった。その思い込みを訂正させたのは桂あやめである。東京でなく大阪の落語家なのが意外と言える。

東京の女流が男性と同じように古典落語を演じていたのに対し、あやめ（入門当時は桂花枝）は自作の新作落語を演じた。それも等身大の女性が登場する現代的で斬新な落語を。20代の頃は保険の勧誘員がデパートで化粧品を買わされてしまう『セールスウーマン』、京都・大阪・神戸の女性の気質の違いを描いた『京阪神日常事変』、三十代には独身ＯＬが合コンに出るのに年齢がばれないように作戦を練る『コンパ大作戦』、出産した経験を、『マル高 vs ヤンママ・真昼の決闘』、四十代になると『私はおばさんになりたくない』という新作落語を作って演じた。これらの作品を私は高く評価した。

東京の新作落語会にも出演した際に知己を得、私がプロデュースする落語会に出てもらって以来、親しく付き合っている。

あやめが女の子を生み、未婚の母になった。生まれた直後にあやめは芸術祭に独演会で参加して、見事優秀賞を受賞した。東京のホテルで授賞式が行われたので、あやめは乳呑み児を抱いて上京した。

受賞パーティには演芸部門の審査委員の経歴がある私も出席していた。パーティ会場で、あやめは演劇部門で芸術祭大賞を受賞した中村吉右衛門を探していた。一緒に写真を撮らせて欲しいと言うのだ。ところが、赤ちゃんにミルクを飲ませている間に、吉右衛門は帰ってしまった。しきりに悔しがるあやめ。ファンなのかと思ったら、そうではなかった。

「娘を抱いて一緒に撮りたかったんですわ。物心ついた頃にその写真を見せて、「これがあんたのお父ちゃんやで」と言ったろかと」

落語家らしい諧謔である。しかし、吉右衛門に隠し子がある疑いをかけられずによかった。

あやめが上京の折、また私が大阪へ行った時には会って共に食事をする。いつも娘さんが一緒だ。たいてい夕食だが、一度だけ2人で朝食を一緒に食べたことがある。

あやめは一九九九年に林家染雀と「姉様キングス」というユニットコンビを組み、音曲漫才やシャンソンショーなど、コミックソングを歌うことで人気を博している。姉キンの会が大阪であった時、たまたま私が大阪に用事があったので見に行った。宿泊するホテルの予約をあやめに頼んだら、彼女の自宅マンションの隣にあるスーパーホテル（温泉の大浴場がある）を取ってくれた。こじんまりしたスナックでの姉キンのステージを堪能し、打ち上げに参加して一緒に帰った。

翌朝、ホテルの前で待ち合わせ、一緒に朝食をとる約束をした。娘さんは中学生になっていたから学校へ行ってしまった。二人で天王寺駅まで歩いて、当時は日本一の超高層ビルだったあべのハルカスに入った。中にあるカフェのホットケーキが美味しいというので、それを食べるためだ。二人とも紅茶とホットケーキを頼んだ。共に朝食をとったと人に言ったら、たいてい夜を一緒に過ごした男女が翌朝、一緒に食べたと想像するだろう。しかし、隣り合わせのホテルとマンションを出て、待ち合わせただけの話だ。ホットケーキの朝食は格別美味しかった。

子供の頃、ホットケーキを食べるのは親に連れられ銀座へ出た時に限った。入る店は〈不二家〉である。60年以上前から店頭にペコちゃんの人形があった。メイプルシロップをたっぷりかけて食べるホットケーキは、子供にとって大ご馳走だった。父の機嫌が良いと、アイスクリームも食べさせてくれた。銀食器に入ったアイスクリームをシャベルのような形の平たい匙ですくって食べる。必ずウエハースが一枚付いていた。ウエハースと言ってもわからない世代に説明すると、サクサクした最中の皮の厚いやつです。それがアイスを引き立てる役目をしていた。

〈不二家〉は手土産を買うのにも手頃な店だった。当時、ケーキといえばイチゴが乗ったショートケーキかシュークリームくらいのものだ。今思えば、近年のケーキのクオリティの高さとは比べものにならない味だった。それでもお客が〈不二家〉のケーキを手土産に持ってくると、子供たちは歓声を上げたものである。

ホットプレートが出来て、ホットケーキに使う粉が発売されるようになり、家でそこそこ美味しい物が焼けるようになった。我が家でも時たま焼いている。上手く焼けると嬉しくて、食べきれないほど焼いてしまう。子供の頃の美味しい記憶は、いい年をした男を童心に返らせる。

小朝にご馳走になった鮑と松坂牛のステーキ

寄席の最後に登場する落語家を「トリ」というが、本書のトリを誰にするか考えた結果、最もふさわしい落語家は、春風亭小朝と決めた。

「こあさ」といった前座時代からの付き合いである。一つ目になってすぐ売れっ子となり、二十代で先輩真打を三十人以上追い越して真打に昇進した。落語家を対象とするあらゆる賞を獲り、紫綬褒章まで受章した。近年では人間国宝の歌舞伎役者、坂東玉三郎と歌舞伎座、大阪松竹座、京都南座で歌舞伎と落語のコラボレーションの会を開くなど、他の落語家とは異次元の活躍をしている。

また、前述したように落語界一のグルメで、稼いだお金は食べる物と高座着に遣ってしまうという、食い道楽、着道楽なのだ。

芸人さんにはご馳走するようにしているが、私より数倍、いや、数十倍稼いでいる方には遠慮なくご馳走になる。小朝はその代表的存在で、「美味しい物には金を惜しまない」という考えの持ち主だから、私などが手銭で行けないような高級店に招待してくれる。

いろんな店でご馳走になったが、記憶に残るは東銀座にある鉄板焼きの〈うかい亭〉である。本書にたびたび登場する勢朝が還暦を迎えた二〇二二年八月、師匠である小朝が祝いの席を設けてくれた。師匠が弟子の還暦祝いをしてくれるのは異例のことだ。私の誕生日が同じ八月なのと、勢朝と親しいことでご相伴に預かった。

この店は、カウンターの前の鉄板で鮑や松坂牛のステーキを焼いてくれる。「ドクター

X」という人気ドラマで、病院長の西田敏行がＶＩＰとステーキを食べるシーンが出てくる。その撮影に使われる店といえば、ドラマの視聴者は「ああ、あの店」と思い当たるはず。

鮑のステーキは一度だけ食べたことがある。二十年ほど前、伊勢参りに行った帰り、志摩観光ホテルに泊まり、地元で獲れた鮑を食べた。めったにできない贅沢だった。〈うかい亭〉の鮑は、それに負けない味であった。目の間で焼いてくれるので、音と臭いが食欲をそそる。鮑の後は松坂牛のステーキもまた絶品であった。

別室でデザートを食べながら勢朝の楽屋噺を聴いて笑い合った。コロナ禍の最中で、外食を控えていたこともあり、こんな贅沢で楽しい食事会は久しぶりだった。

たとえ招待であっても、高級店に行けるようになった私だが、若い頃はステーキの焼き加減さえ知らなかった。三木助の項で、牛肉の種類や焼き方を知らない前座のことを笑い話として書いたが、私も同様だったのだ。

大学卒業後、就職せずにアルバイトをしながら、その日暮らしの自堕落な生活を送っていた。ある日、六本木に用事があって出向いた時、同級生のＯ君とばったり出合った。すると、「給料が出たばかりだから飯をおごるよ」と言う。同級生の多くは一流企業に就職しており、Ｏ君もテレビコマーシャルでおなじみのアパレルメーカーに勤めていた。彼に案内された店がステーキハウスであった。

「何グラム食べる?」と訊かれたが、答えられない。ステーキをグラムで注文するのを知らなかった。「俺は300頼むけど、同じでいいか?」と言われても、それがどのくらいの量なのか見当がつかない。O君はアメリカンフットボール部出身で体格がいいから、同じ量では多過ぎると思い、「俺は200でいいや」と答えた。

オーダーを取りにきたウエイターに焼き加減を聞かれた時も、O君が「ミディアムで」と言ったから、「同じで」と言った。焼き立てのステーキは、鉄板の上でジュージュー音を立て、見るからに美味しそうだった。O君はパンだが、私はご飯党だ。ガーリック醤油味のソースがご飯に合って、世の中にこんな美味い物があったのかと感激した。当時の私は貧しくて、ろくな物を食べていなかったのだ。

「お前、この店によく来るのか」

そう尋ねると、O君は、「毎月、給料日の後にね」と言う。勤め人でなくフリーターの道を選んだ私としては、意地でも羨ましいとは言わないまでも、月に一度ステーキを食べられるのはいいなと思った。

食後のコーヒーを飲みながら学生時代の話などして別れた。O君は、「また一緒に来ようぜ」と言ってくれたが、それきりになった。ご馳走になりたくて連絡したと思われたくないという、つまらない見栄である。

それから二十年近くたって、ようやく手銭でステーキの専門店に行けるようになった。もちろん〈うかい亭〉のような高級店でなく、庶民的な値段の店である。専門店には店オリジナルのステーキソースを置いてあることが多い。ガーリック味とか、大根おろしが入った和風ソースとか、それぞれが工夫を凝らしている。辛子醤油で食べるのが好きな私も、郷に入っては郷に従えで、オリジナルソースをかけるようにしている。

吉川 潮（よしかわ うしお）

1948年生まれ。立教大学卒業後、放送作家、ルポライターを経て演芸評論家に。1980年、小説家としてデビュー。芸人や役者の一代記のみではなく数々の辛口エッセイで世間を騒がせる。著書に『江戸前の男―春風亭柳朝一代記』（第16回：新田次郎文学賞受賞）、『流行歌 西条八十物語』（第18回：尾崎秀樹記念・大衆文学賞［評論・伝記部門］受賞）、顧問を務めた立川流の家元・立川談志を描いた『談志歳時記―名月のような落語家がいた』（3作共に新潮社）、『爺の暇つぶし―もてあます暇をもてあます極意、教えます』、『毒舌の作法―あなたの“武器”となる話し方&書き方、教えます』、『我が愛しの歌謡曲』（3作共にワニプラス新書）、『いまも談志の夢をみる』（光文社）任侠俳句（飯塚書店）など多数。

美《お》味《い》しい落語《らくご》

2024年9月20日　第１刷発行

著　者　吉川　潮
発行者　飯塚行男
発行所　株式会社 飯塚書店
〒112-0002　東京都文京区小石川5-16-4
TEL 03-3815-3805 FAX 03-3815-3810
http://izbooks.co.jp
印刷・製本　モリモト印刷株式会社

 ISBN978-4-7522-6039-4　Printed in Japan

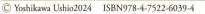